Holle Bartosch

Tempo training

**für 10-Kilometer-
Halbmarathon-
und Marathon-Läufer**

COPRESS SPORT

Holle Bartosch (geb. 1971) studierte an der Universität München Diplom-Sportwissenschaft mit den Schwerpunkten Rehabilitation und Prävention. Sie ist begeisterte Ausdauersportlerin und erfolgreiche Triathletin (1998 Ironman-Europe-Siegerin). Als Nordic Walking Instruktor und Lauftrainer organisiert sie Lauf- und (Nordic-) Walking Seminare und ist im Bereich Bewegungsanalyse und Laktatleistungsdiagnostik beschäftigt. Neben diesen Aktivitäten ist sie Personal Fitness- und Rückenschultrainerin, Yogalehrerin, Gesundheitsberaterin und Autorin von »Frauen laufen anders« (Econ).

Impressum

Produktion und Layout:
Buchflink, Nördlingen

Umschlaggestaltung: Stiebner Verlag GmbH

Bildnachweis:
Titelfoto: imago

Innenteil:
Photolia.com: S. 2/3, 7, 28, 81 (Photoroller), 5, 68 (Marco Cappalunga), 6, 40, 105 (amridesign), 50 (Orlando Florin Rosu), 63 (Sergey Ivanov), 80 (Skogas); alle anderen Fotos im Innenteil: Frank Boxler.

Bibliografische Information
Der Deutschen Bibliothek
Die Deutsche Bibliothek verzeichnet diese Publikation in der Deutschen Nationalbibliografie; detaillierte bibliografische Daten sind im Internet über <http://dnb.ddb.de> abrufbar.

Die Ratschläge in diesem Werk sind von den Autoren sorgfältig erwogen und geprüft worden. Für die Richtigkeit der Angaben kann jedoch keine Haftung vom Autor bzw. Verlag und deren Beauftragten übernommen werden.

2, aktualisierte Neuausgabe 2009

© 2003, 2009 Copress Verlag
in der Stiebner Verlag GmbH, München
Alle Rechte vorbehalten.
Wiedergabe, auch auszugsweise,
nur mit ausdrücklicher Genehmigung des Verlags.
Gesamtherstellung: Stiebner, München
Printed in Germany
ISBN 978-3-7679-0985-4
www.copress.de

Tempo training

1 Angst vor und Sehnsucht nach ... Geschwindigkeit ... 8

2 Der Puls des Lebens ... 12

- Benutzen Sie eine Pulsuhr ... 14
- Das Läuferherz kann mehr ... 14
- Die Ruheherzfrequenz ... 14
- Die Belastungsherzfrequenz ... 15
- Maximale Herzfrequenz (maxHF) für Rechner ... 15
- Maximale Herzfrequenz (maxHF) für Genau-Wissen-Woller ... 17
- Herzenssache ... 19
- Und wie atme ich? ... 19
- Die geheimnisvolle Schwelle zum roten Bereich ... 20
- Noch ein paar Worte zum Laktat ... 23
- Ihr Trainingsbereich ... 24
- Die Übersicht Ihrer Trainingsbereiche ... 25

3 Auf Schritt und Tritt schneller, aber mit Haltung bitte ... 26

- Der Laufschritt zum Abheben ... 28
- Haltung bitte ... 30
- Der Fußabdruck ... 30
- Die Landung ... 30
- Die Arme, ein lästiges Anhängsel? ... 32

4 Die Basis hält alles zusammen ... 34

- Extensiver Dauerlauf ... 36
- Intensiver Dauerlauf ... 37
- Regenerationslauf ... 37

5 Rezepte fürs Tempo 38

- Technik-Trimm-Dich: 40
  Das ABC des Laufens
- Das Spiel mit der Geschwindig- 44
  keit: Fahrtspiel
- Das Salz in der Suppe: 45
  Intervall-Lauf
- Abschmecken mit Geschwindig- ... 50
  keit pur: Wiederholungslauf ...
- ... und der Tempolauf............... 51
- In die Berg bin i gern: Bergläufe..... 51

6 Sie sind Ihr bester Coach. ... 56

- Ihr Rezept........................ 58
- Der Wochenzyklus................. 59
- Der 4-Wochenzyklus 60
- Das Trainingsjahr in Etappen 60
- Zutaten, die Sie für Ihre Trainings-
  rezepte kennen sollten 62
- Die Trainingseinheit 65

7 Der Lebenslauf – genau geplant 68

- Der Zehner 72
- Der Halbe 80
- Der Marathon..................... 87

8 Geheimnisse .... 96 für faule Läufer

- Klug dehnen und 98
  schneller werden
- Kraft trifft Ausdauer.............. 105
- Fremdgehen erlaubt 114
- In der Ruhe liegt die Kraft 114

Anhang 117

1 Angst vor und Sehnsucht nach ... Geschwindigkeit

Mein Körper arbeitet mit Leichtigkeit und der Wind weht durch meine Haare. Wenn ich mit langgezogenen Schritten federnd über blühende Wiesen laufe, geht für mich der Himmel auf. Das Tempo fällt mir leicht und beflügelt mich. Ein Gefühl der Intensität, des Eins-Seins mit meinem Körper und der Natur überflutet mich und erfüllt mich mit Glück.

Haben Sie sich dieses Gefühl auch schon erlaufen? Oder lesen Sie diese Zeilen erstaunt? Dann gehören Sie vielleicht zu den Läufern, die verbissen und voller Sehnsucht diesem Gefühl hinterherlaufen?

Viele meiner (trotzdem) laufbegeisterten Bekannten haben genau dieses Problem.

Schneller werden wollen wir ja alle, aus den verschiedensten Gründen. Und jeder Grund, der uns vor die Haustür lockt ist ein guter Grund.

Einmal als erster das Zielband mit erhobenen Armen durchlaufen und im Meer der klatschenden Menge baden. Die bewundernden Blicke der Freunde genießen, wenn man von seinem ersten Marathon erzählt. Schönes leichtes Laufen soll es sein. Und gut anfühlen soll es sich, nicht nur wenn die Schuhe bereits in der Ecke stehen und eine kalte Apfelschorle die Seele erquickt.

Jedoch, viele träumen von solchen Gefühlen, während sie sich laufend quälen. Warum eigentlich?

Schnell laufen muss man lernen, aber nicht mit Mühe und Arbeit, sondern mit einem guten Gefühl und Köpfchen.

Ich hatte, frisch angemeldet beim Laufclub, oft Angst vor dem Laufen. Ich erlebte es oft als Schmerz und Qual. Ich war die einzige Anfängerin in einem reinem Männerclub. Ich musste also meinen Mann stehen. Der Preis, den ich dafür zahlte war hoch. Ich wollte mich doch nur gut fühlen, mich aufs Laufen freuen … und schneller werden. Stattdessen war ich schon Stunden vor dem Training damit beschäftigt Angst zu haben und mir Ausreden auszudenken, weswegen ich heute mal locker laufen muss.

Heute weiß ich, mein Training war zu hart, war schlichtweg falsch. Gefühl fürs Laufen hatte ich zwar entwickelt, aber kein besonders positives. Ich reduzierte also mein Lauftraining, bis ich es ganz aufgab.

Nach einem halben Jahr Pause nahm ich den nächsten Anlauf. Diesmal ohne Hammermethode. Und mit netten entspannten Laufkumpanen. Seit diesem Zeitpunkt ist Laufen meine große Leidenschaft.

Machen Sie nicht dieselben Fehler. Wenn Sie besser werden wollen, müssen Sie trainieren. Mit Ihrem Körper arbeiten und nicht dagegen. In Ihren Körper hineinhören und ihn fühlen. Regelmäßiges Laufen geht nur mit Spaß an der Sache!

Ob als Läufer oder Grashüpfer, Hauptsache, Sie haben Spaß

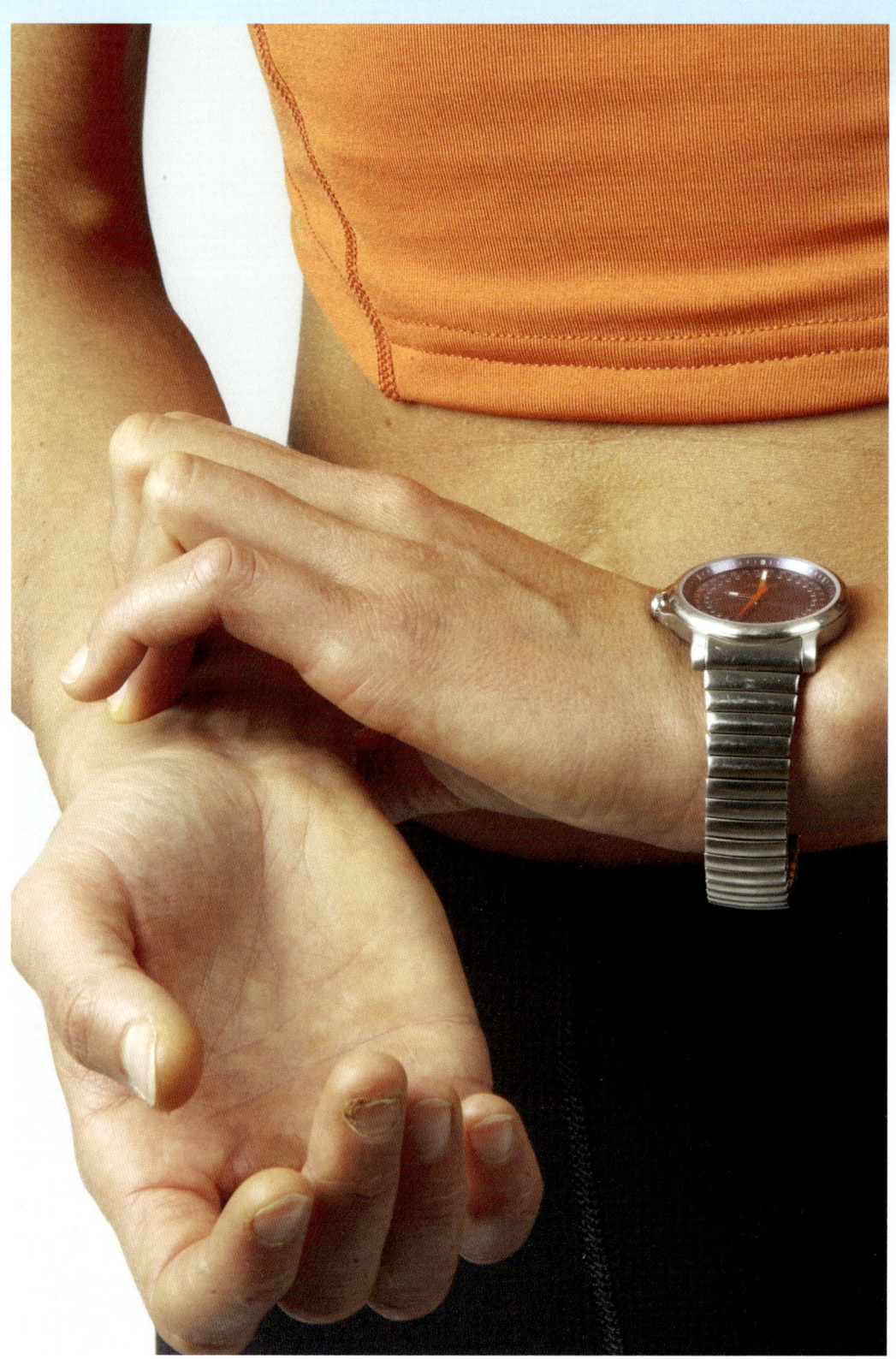

2 Der Puls des Lebens

Ihr Herz sagt Ihnen zu jeder Zeit und an jedem Ort wie viel Sie sich wieder einmal zumuten. Das gilt sowohl für Ihren Körper als auch für Ihre Psyche. Erinnern Sie sich wie sehr das Herz klopfte als Sie vor versammelter Schulklasse Ihr erstes Referat heruntergestottert haben? Und die Fahrprüfung für den lang ersehnten Führerschein? Das Herz ist Ihnen in die Hose gerutscht. Erlebnisse wie diese sind alltäglich. Wir sind auf 180 oder tragen unser Herz mit eingezogenem Schwanz in der Hosentasche. Manchmal haben wir »kein Herz«. Und (hoffentlich) oft tragen wir es am rechten Fleck.

Das Herz ist für die körperliche Verfassung und Leistung zuständig. Es muss Blut und damit Sauerstoff zu den Muskeln pumpen. Es muss die Nährstoffzufuhr für die arbeitende Muskulatur garantieren. Ihre Herzfrequenz (Puls) ist sozusagen ein Maß für Ihre Anstrengung. Die Belastung, die Sie sich zumuten, können Sie somit an Ihrem Herzschlag ablesen und einschätzen.

> **Tipp an die kleinen Forscher unter uns:**
> Tragen Sie den Pulsmesser doch mal tagsüber im Büro. Gucken Sie was Ihr Herz so macht wenn Ihnen Ihr Schwarm am Kopierer begegnet oder der Chef Sie von der Seite anpflaumt. Aber bitte in solchen Momenten ganz unauffällig auf die Uhr schauen. Ich kann nur sagen, so ein Tag mit Pulsmesser um die Brust geschnallt ist sehr aufschlussreich und lohnt sich!

Benutzen Sie eine Pulsuhr

Sie können den Puls durch Ertasten am Handgelenk oder an der Halsschlagader mit Zeige- und Mittelfinger ermitteln. Das ist aber sehr ungenau. Sie müssen jedes mal, stehen bleiben und auf Pulssuche gehen. In diesen paar Sekunden und während Sie messen, nimmt Ihre Pulsfrequenz ab, sodass das Ergebnis verfälscht wird. Tragen Sie eine Pulsuhr und natürlich den dazugehörigen Brustgurt, der Ihre Herztöne aufnimmt. Ein Pulsmessgerät misst, wie ein EKG während der Belastung Ihre Herztöne. So können Sie Ihr Tempo dosieren und lernen sich und Ihr gutes Herz besser kennen.

Das Läuferherz kann mehr

Das Läuferherz bringt mehr Leistung. Und da es alle Organe, auch das Gehirn, besser mit Sauerstoff versorgt, werden sie leistungsfähiger. In Ruhe läuft das Läuferherz auf Schonprogramm, das garantiert ein längeres Leben. Unter Belastung, ob am Schreibtisch oder beim Waldlauf schlägt es langsamer als das Büroherz, erbringt aber die gleiche Leistung.

Die Ruheherzfrequenz

Die niedrigste Herzfrequenz (Puls) haben Sie im Reich der Träume, wenn Sie schlafen. Messen Sie Ihren Ruhepuls morgens im Bett

Tab. 1: Vergleich Büroherz und Läuferherz

Fakten	Büroherz	Läuferherz
Herzgewicht	250–300 g	350–500 g
Herzvolumen	600–800 ml	900–1400 ml
Herzschlag in Ruhe	70–80 S/min	30–60 S/min
Herzminutenvolumen	20–22 l/min	36–38 l/min

Das Tragen einer Pulsuhr ist die beste Methode, um Ihre Belastung und Ihr Tempo zu überprüfen

noch bevor Sie vom nervenden Klingeln Ihres Weckers aufschrecken. Notieren Sie sich diesen und vergleichen Sie ihn dann mal mit demjenigen in 8 Wochen. Sie werden eine niedrigere Herzfrequenz haben, d.h. Ihr Herz arbeitet jetzt ökonomischer, vorausgesetzt Sie haben in diesen 8 Wochen nicht nur Däumchen gedreht.

Die Ruheherzfrequenz ist eine sehr konstante Größe, die in auffälliger Weise den Trainingszustand, aber auch mögliche gesundheitliche Veränderungen anzeigt. Sie nimmt von der Kindheit und Jugend (80–90 Schläge/Minute = S/min) bis ins höhere Alter (60–70 S/min) kontinuierlich ab und erreicht bei Trainierten Werte um 40–50 S/min.

Die Belastungsherzfrequenz

Das ist die Herzfrequenz während einer bestimmten Belastung. Sie interessiert natürlich die Belastung beim Laufen und zwar in den verschiedenen Trainingsbereichen.

Sie werden Ihre Läufe nie bei ein und demselben Puls absolvieren, sondern sich immer in verschiedenen Herzfrequenzzonen je nach Tagesverfassung, Trainingszustand und Laufintensität bewegen. Übrigens nimmt die Belastungsherzfrequenz mit dem Alter ab.

Den Trainingspuls können Sie ganz pauschal berechnen. Doch Vorsicht, Sie sind nicht pauschal zu haben! Das wichtigste bei dieser Formelrechnerei ist ein wohliges Körpergefühl und Spaß an der Sache. Das steht für Sie an oberster Stelle! Zur Berechnung Ihrer Trainingsbereiche brauchen Sie den Maximalpuls, Ihr Alter und Ihr Geschlecht.

Maximale Herzfrequenz (maxHF) für Rechner

Wenn Sie nach Puls trainieren bedenken Sie immer, dass der Puls nur ein grober Parameter ist und sich durch äußere Einflüsse ändert.

Die Grundlage zur Ermittlung der Trainingsbereiche ist die maximale Herzfrequenz. Zur Ermittlung dieser Herzfrequenz können Sie sich an den grünen Tisch setzten und rechnen.

Doch Vorsicht, alle Formeln, die Sie aus verschiedensten Büchern hervorzaubern, sind nicht so genau wie folgende Tests zur Messung der maxHF. Sie können jetzt als Daniel Düsentrieb über die Tartanbahn fegen oder steile Berge erklimmen, um Ihren Maximalpuls herauszufinden. Die angenehmere, aber ungenauere Variante: Setzen Sie sich und rechnen Sie.

Frau: 226 – Alter = maxHF
Mann: 220 – Alter = maxHF

Die maxHF brauchen Sie zum errechnen Ihrer Trainingsbereiche. Oder Sie schreiben sich Ihre Bereiche, wenn Sie die maxHF errechnet haben aus der Herzfrequenz-Tabelle (Tab. 2) heraus. Wie Sie Ihre Trainingsbe-

Tab. 2: Herzfrequenzbereiche in Abhängigkeit von der maxHF

Herzfrequenzen Max. Herzfrequenz	60%	65%	70%	75%	80%	85%	90%	95%
220	132	143	154	165	176	187	198	209
219	131	142	153	164	175	186	197	208
218	131	142	153	164	174	185	196	207
217	130	141	152	163	174	184	195	206
216	130	140	151	162	173	184	194	205
215	129	140	151	161	172	183	194	204
214	129	139	150	161	171	182	193	203
213	128	138	149	160	170	181	192	202
212	127	138	148	159	170	180	191	201
211	127	137	148	158	169	179	190	200
210	126	137	147	158	168	179	189	200
209	125	136	146	157	167	178	188	199
208	125	135	146	156	166	177	187	198
207	124	135	145	155	166	176	186	197
206	124	134	144	155	165	175	185	196
205	123	133	144	154	164	174	185	195
204	123	133	143	153	163	173	184	194
203	122	132	142	152	162	173	183	193
202	122	131	141	152	162	172	182	192
201	121	131	141	151	161	171	181	191
200	120	130	140	150	160	170	180	190
199	120	129	139	149	159	169	179	189
198	119	129	139	149	158	168	178	188
197	118	128	138	148	158	167	177	187
196	118	127	137	147	157	167	176	186
195	117	127	137	146	156	166	176	185
194	117	126	136	146	155	165	175	184
193	116	125	135	145	154	164	174	183

reiche einteilen und welche Effekte Sie in den verschiedenen Bereichen erzielen, lesen Sie ab Seite 24.

Maximale Herzfrequenz (maxHF) für Genau-Wissen-Woller

Lassen Sie sich, falls Sie vollkommener Anfänger sind oder schon etwas betagter, vom Arzt durchchecken. Bei diesen Tests geht es ans Eingemachte. Sie sollten ausgeruht sein oder zwei ruhige Lauftage vor Ihren Testtag legen. Ich habe Ihnen mehrere Tests beschrieben, da jeder anders an seine maximale Herzfrequenz herankommt. Probieren Sie die Tests aus. Aber lassen Sie zwischen den Tests immer eine Woche Pause, um sicher zu gehen, dass Sie auch frisch sind. Und einen Pulsmesser mit Stoppuhr sollten Sie sich schon zugelegt haben. Denn der ist zur Ermittlung unbedingt notwendig.

Herzfrequenzen Max. Herzfrequenz	60%	65%	70%	75%	80%	85%	90%	95%
192	116	125	134	144	154	163	173	182
191	115	124	134	143	153	162	172	181
190	114	124	133	143	152	162	171	181
189	113	123	132	142	151	161	170	180
188	113	122	132	141	150	160	169	179
187	112	122	131	140	150	159	168	178
186	112	121	130	140	149	158	167	177
185	111	120	130	139	148	157	167	176
184	110	120	129	138	147	156	166	175
183	110	119	128	137	146	156	165	174
182	109	118	127	137	146	155	164	173
181	108	118	127	136	145	154	163	172
180	107	117	126	135	144	153	162	171
179	107	116	125	134	143	152	161	170
178	106	116	125	134	142	151	160	169
177	106	115	124	133	142	150	159	168
176	105	114	123	132	141	150	158	167
175	104	114	123	131	140	149	158	166
174	104	113	122	131	139	148	157	165
173	103	112	121	130	138	147	156	164
172	103	112	120	129	138	146	155	163
171	102	111	120	128	137	145	154	162
170	102	111	119	128	136	145	153	162
169	101	110	118	127	135	144	152	161
168	101	109	118	126	134	143	151	160
167	100	109	117	125	134	142	150	159
166	100	108	116	125	133	141	149	158
165	99	107	116	124	132	140	149	157

Der Puls des Lebens

Geben Sie bei der Ermittlung der maxHF alles, aber laufen Sie trotzdem kontrolliert!

1. 2-Minutentest
- Laufen Sie sich 15 Minuten locker warm.
- Rennen Sie dann 2 Minuten so schnell Sie können.

Während dieser 2 Minuten schauen Sie immer wieder auf Ihre Pulsuhr.
Der höchste Pulswert ist Ihre maxHF.

2. Bergtest
- Laufen Sie sich 15 Minuten locker warm.
- Laufen Sie nun mit voller Kraft ca. 1 Minute bergauf. (es darf richtig steil sein)
- Setzen Sie auch die Arme mit ein.

Während der Minute schauen Sie immer wieder auf Ihre Pulsuhr. Der höchste Pulswert ist Ihre maxHF.

3. Sprinttest
- Laufen Sie sich 15 Minuten locker warm.
- Laufen Sie ca. 300 m im vollen Sprint.

Schauen Sie im Ziel auf Ihre Pulsuhr und warten Sie ruhig noch 5 sec.
Der höchste Pulswert während dieser Zeit ist Ihre maxHF.
Sie kennen Ihren maxHF-Wert? Dann können Sie wieder mit Hilfe der Herzfrequenz-Tabelle (Tab. 2) auf Seite 16. Ihre Trainingsbereiche herausfinden.
Wie Sie Ihre Trainingsbereiche einteilen und welche Effekte Sie in den verschiedenen Bereichen erzielen, lesen Sie auf Seite 24–25.

Herzenssache

Wenn Sie eine Zeit lang Ihren Puls vor, nach und während des Trainings beobachten, werden Sie immer wieder Ungereimtheiten feststellen, die Sie sich nicht erklären können. Doch gerade diese Sensibilität gegenüber Ihrem Herzen zu entwickeln ist wichtig. Sie können schneller reagieren. Mal ein Training ausfallen lassen, Ihr Trinkverhalten ändern oder auch einen leichten Infekt in die Flucht schlagen.
Hören Sie auf sich und Ihr Herz.

Wenn Ihre Herzfrequenz bei einem längeren Lauf trotz gleichbleibender Geschwindigkeit langsam ansteigt (um ca. 5–10 S/min) dann machen Sie sich keine Sorgen. Das ist ganz normal. Denn der Anstieg hängt von Ihrer Ermüdung und Ihrer ansteigenden Körpertemperatur ab.
Haben Sie grundsätzlich morgens beim Laufen eine hohe Herzfrequenz und das Laufen fällt Ihnen schwer? Dann sind Sie wahrscheinlich ein Morgenmuffel so wie ich. Ihr Kreislauf braucht Zeit zum Aufwachen. Und Ihr Blutdruck ist wahrscheinlich auch eher zu niedrig als zu hoch. Das ist normal. Sie sind halt keiner von den Schnellen, zumindest nicht morgens. Also laufen Sie in der Früh locker und machen Sie sich keine Sorgen um den erhöhten Puls.
Ihre Herzfrequenz kann übrigens auch beim Laufen in der Hitze stark ansteigen obwohl Sie langsam laufen und kurz vorher eine ganze Flasche Wasser heruntergestürzt haben. Die Hitze macht Ihrem Körper und Ihrem Herz zu schaffen. Ihre Herz schlägt schneller.

Und wie atme ich?

Gerade die Anfänger unter uns Läufern haben Probleme mit der lieben Luft. Sie geraten schnell außer Atem müssen stehen bleiben, um nach Luft zu schnappen. Der Atem ist flach und schnell. Der Puls rast.

Tab. 3: Herzfrequenzveränderung und deren mögliche Ursachen

Beobachtung	mögliche Ursache	Maßnahme
RuheHF ist stark erhöht	• Übertraining • Infekt	• Training reduzieren • Ruhetage einlegen
Die HF bleibt auch nach dem Training länger erhöht	• Flüssigkeitsmangel • zu hartes/langes Training	• Trinken nicht vergessen • Im Erholungsbereich laufen
HF steigt bei gleichem Tempo stärker als sonst an	• Infekt • Flüssigkeitsdefizit	• Ruhetage einlegen • Trinken nicht vergessen
HF steigt bei Tempoeinheiten nicht auf gewohnte Werte	• Übertraining • Glykogenspeicher sind leer	• Intensität rausnehmen • Protein- und kohlenhydratreiche Nahrung direkt nach dem Training
HF bleibt bei Intervallläufen in den Pausen erhöht	• Tempo zu hoch	• Intensität rausnehmen • Pausen verlängern • Intervalle abbrechen
maxHF wird nicht erreicht	• keine rechte Lust • Glykogenverarmung • geringe muskuläre	• Trainingsumfang reduzieren • vermehrt Technikübungen • Sprints (hochfrequent)

Zum Finden des Wohlfühlpulses ist die 3-3er Atmung eine sehr einfache Methode und Sie garantieren einen Puls im grünen Bereich. Ihre Atmung funktioniert wie ein körpereigener Drehzahlbegrenzer, da Sie Ihre Sauerstoffzufuhr über die Lunge dosieren. Damit der Sauerstoff auch im Muskel ankommt, müssen jedoch noch mehrere Vorgänge im Körper reibungslos klappen.

- Die Diffusion des Sauerstoffs in das Blut, die in den Lungenbläschen stattfindet.
- Der Transport des Sauerstoffes zum Muskel durch das Blut.
- Und natürlich die Verwertung des Sauerstoffes im Muskel.

All diese Vorgänge zusammengenommen bezeichnet man als die »Sauerstoffaufnahme«, die sich übrigens auch im Labor messen lässt. Sie ist sozusagen das Bruttokriterium für Ihre »aerobe Kapazität«.
Atmen Sie über drei Schritte verteilt aus – und über drei Schritte verteilt wieder ein. Ihr Körper holt sich den Sauerstoff den er braucht, die Atmung passt sich ganz automatisch der Schrittfrequenz an. Sie werden entdecken, dass Sie mit steigendem Puls schneller atmen und umgekehrt.
Welche Atmung zu welchem Tempo passt, sehen Sie in der Übersicht der Trainingsbereiche (Tab. 4) auf Seite 24–25.

Bauch oder Brust?

Auf was Sie achten sollten ist eine tiefe, ruhige Atmung. Nicht nur bei Ihrer Trainingseinheit sondern auch im Alltag. Die meisten von uns haben die richtige Atmung verlernt, sie sind gestresst und kurzatmig. Sie atmen über die Brust und nutzen so nur den oberen Teil Ihrer Lunge. Brustatmer bekommen weniger Luft und Sauerstoff. Das Herz muss mehr Arbeit leisten. Versuchen Sie den ganzen Bauch zu benutzen. Die Bauchatmung ist tiefer und bringt Sauerstoff in den unteren, besser durchbluteten Teil unserer Lunge. Die Atmung wird ruhiger und das Herz wird entlastet. Das Zwerchfell, das die Bauchatmung unterstützt wird trainiert und massiert auch noch Ihre Innereien. Gönnen Sie sich die Massage von innen.
Die Raucher, die genüsslich an der Zigarette ziehen und auf Lunge rauchen, atmen über den Bauch und werden ruhig. Doch Sie können das auch ohne Glimmstängel.

> **Tipp**
> Stellen Sie sich einfach vor Sie hätten direkt hinter dem Bauchnabel einen Ballon, den Sie aufblasen und wieder klein wie einen Tennisball machen. Solch ein Bild hilft Ihnen beim Erlernen der ruhigen Bauchatmung. Sie können mit dieser Atmung auch aktiv Ihren Puls senken. Mönche machen bei der Atemmeditation auch nichts anderes.

Mund oder Nase?

Und ob Sie nun durch die Nase oder durch den Mund einatmen, bleibt Ihnen überlassen. Benutzen Sie beides und achten Sie mehr auf ein tiefes Ausatmen, denn das Einatmen geht dann wie von selber. Die Lunge holt sich ohne Anstrengung das Luftvolumen, das Sie ausgeatmet haben wieder zurück!

Die geheimnisvolle Schwelle zum roten Bereich

Sie können Begriffe wie die anaerobe Schwelle, den Grenzpuls, den optimalen Fettverbrennungspuls oder den »gerade noch« Wohlfühlpuls nicht so ganz einordnen? Diese Begriffe beschreiben alle dasselbe, nämlich eine bestimmte Art der Energieversorgung unter Belastung. Der Muskel braucht Energie, wenn er (und auch Sie) laufen soll. Der Muskel hat verschiedene Tanks, aus denen er sich diese Energie holen kann.

Er gewinnt entweder Energie aus Zucker und Fettsäuren auf aerobem Weg (mit Sauerstoff). Das ist dann der Fall, wenn Sie beim lockeren Laufen genügend Atemluft haben. Oder er geht bei flottem Tempo den Weg der schnellen, anaeroben (ohne Sauerstoff) Energiegewinnung. Im Muskel fällt dann Laktat (für chemisch Interessierte: das Salz der Milchsäure) an. Laktat kann im Muskel weiter verbrannt werden zu Energie, allerdings nur, wenn er genug Sauerstoff hat. Ansonsten wird der Großteil des Laktats vom Muskel in die Blutbahn abgegeben. Verschiedene Organe wie Leber, Herz, Hirn und eben die Muskulatur selber können Laktat über die Blutbahn aufnehmen und es der direkten Energiebereitstellung zuführen oder zum Wiederaufbau von Glukose verwenden.

Die Laktatkonzentration im Blut ist also einerseits abhängig von der Laktatproduktion im arbeitenden Muskel und anderseits von dem Verbrauch durch verschiedene Laktatkonsumenten.

Durch kluges Training können Sie die Laktatproduktion verringern und hinauszögern. Zusätzlich lernt Ihr Körper während des Laufens, Laktat schneller zu transportieren und zu Energie zu verwerten. Jetzt noch ein paar Worte zu den verschiedenen Energiespeichern, die sie während des Laufens anzapfen.

ATP- und Kreatinphosphatspeicher
Die schnelle Energie (nur anaerob):

- *Einsatz:* sofort
- *Kapazität:* nach 30 sec sind diese Speicher leer und der Muskel greift auf einen anderen Energietank zu.

Sie kennen den Mördersprint zum Bus, der bereits schon seinen Blinker zum Wegfahren gesetzt hat? In diesem Moment zehren Sie von Ihrem schnellen Energiespeicher direkt im Muskel.

Glykogenspeicher
Glykogen ist die Speicherform der Glucose (= schneller Zucker) in Muskel und Leber. Der schnelle Zuckerstoffwechsel (Glykolyse) läuft immer und überall sowohl anaerob als auch aerob.

Anaerobe Energiegewinnung
- *Einsatz:* nach ca. 5 sec (anaerob)
- *Kapazität:* nach zirka 45 sec nimmt diese Art der Energiegewinnung wieder ab, da die Anhäufung von Säuren im Muskel die Stoffwechselprozesse behindern. Das merken Sie, wenn Sie mal eine Runde auf der 400-m-Bahn mit »Volldampf« laufen.
- *Energiereiches Stoffwechselzwischenprodukt:* Laktat

Aerobe Energiegewinnung
- *Einsatz:* nach ca. 5 sec (aerob), bei mäßigem Tempo
- *Kapazität:* nach ca. 60–90 min je nach Trainingszustand sind die Glykogenspeicher im Muskel aufgebraucht. Der Fettstoffwechsel gewinnt dann die Oberhand. Der Fettstoffwechsel läuft jedoch von Anfang an (nach ca. 10 min) mit!
- *Stoffwechselabfallprodukt:* Wasser und Kohlendioxid

Neutralfette (Triglyceride)
Der Fettstoffwechsel kommt nur langsam richtig in Fahrt (nur aerob). Übrigens verbrennen Fette nur im Feuer der Kohlehydrate. Von wegen reiner Fettstoffwechsel, den gibt es nicht!
- *Einsatz:* nach ca. 10 min, bei mäßigem Tempo
- *Kapazität:* dieser Tank ist theoretisch unbegrenzt. Sie könnten ganze 23 Marathons mit Ihren Reserven laufen. Wie schnell und wie intensiv sie diesen Tank anzapfen können ist von Ihrem Training abhängig.
- *Stoffwechselabfallprodukte:* Wasser und Kohlendioxid

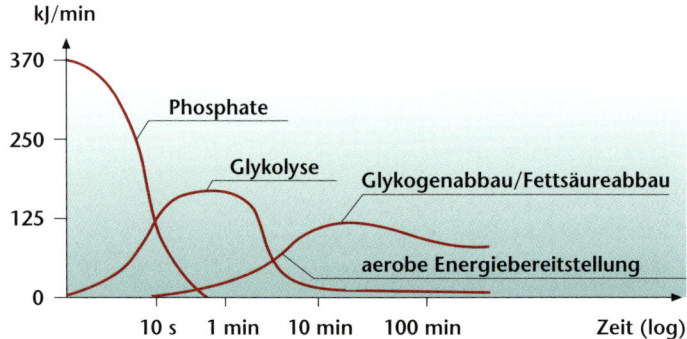

Die Energieversorgung über die Zeiteinheit

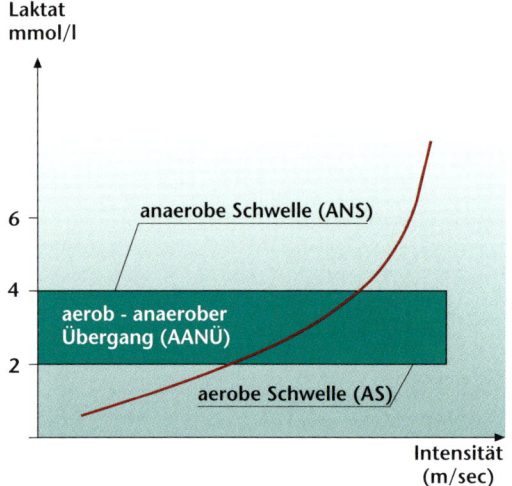

Laktatschwellen, aerob, anaerober Übergang

Bei aerober Ausdauer steht also genügend Sauerstoff zur Verbrennung von Glykogen und Fettsäuren zur Verfügung.

Anaerobe Ausdauer liegt vor, wenn Stoffwechselvorgänge, die ohne Beteiligung von Sauerstoff ablaufen, eine wesentliche Rolle spielen. Diese Stoffwechselprozesse laufen und gehen ineinander über, je nach Dauer und Intensität Ihres Laufes. Siehe Abbildung.

Für Ihr Training ist es wichtig den Übergang der vorrangig aeroben zur zunehmend anaeroben Energiebereitstellung zu kennen.

Solange sich die Muskeln bei niedrigen Belastungsintensitäten vom aeroben Zucker- und Fettstoffwechsel versorgen, liegen im Blut Laktatwerte von weniger als 2 mmol/l vor (Normalwerte in Ruhe 1,0–1,78 mmol/l).

Die aerobe Schwelle, gekennzeichnet durch einen Laktatwert von 2 mmol/l, gilt als die Grenze der rein aeroben Energiebereitstellung. Laktat, das bis dahin entstanden ist, wird im Muskel wieder zu Energie verstoffwechselt. Jenseits der aeroben Schwelle tritt Laktat aus dem Muskel in das Blut über und sammelt sich an. In diesem aerob-anaeroben Übergangsbereich halten sich Laktatbildung und Laktatabbau die Waage. Es liegt ein Laktatgleichgewicht (Laktat-Steady-State) vor, wenn Sie das Tempo nicht steigern. Bei ca. 4 mmol/l Blutlaktat, an der anaeroben Schwelle, ist jedoch die obere Grenze, das heißt der Punkt des maximalen Laktat Steady-State erreicht.

Wenn Sie dieses Tempo jetzt halten steigt der Blutlaktatspiegel laufend weiter an. Die Laktatverwertung kann mit der Laktatproduktion nicht mehr Schritt halten.

Bei Untrainierten und Hoch-Ausdauertrainierten entspricht die starre Festlegung der anaeroben Schwelle bei 4 mmol/l meist nicht ganz der Wahrheit. Die anaerobe Schwelle Untrainierter liegt nicht selten über 4 mmol/l (bei 5–6 mmol/l), die von Hochtrainierten deutlich darunter (2,5–3 mmol/l). Deshalb hat man die individuelle anaerobe Schwelle eingeführt und als den Punkt in der Laktatkurve definiert, an dem die kritische Steigung beginnt, die Laktatentwicklung plötzlich stark zunimmt.

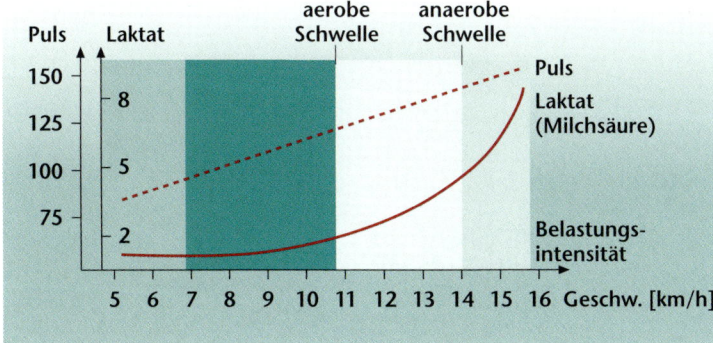

Laktatleistungskurve zur Ermittlung des Lauftempos und der Herzfrequenz an der aeroben und anaeroben Schwelle

Die anaerobe Schwelle kann nun zu verschiedenen anderen Leistungsparametern in Beziehung gesetzt werden. In der Trainingspraxis ist es die Fortbewegungsgeschwindigkeit ([m/s] oder [km/h]) oder die Herzfrequenz [Hf/min].

Sie wollen wissen wo, bei welcher Geschwindigkeit und bei welchem Puls Ihre Individuelle anaerobe Schwelle (IANS) ist (wobei diese Schwelle eigentlich einen Pulsbereich darstellt)? Dann können Sie diese Werte beim Sportmediziner in einem Laktatleistungstest messen lassen. Aber Vorsicht, das ist eine schweißtreibende Angelegenheit. Sie müssen bei diesem Test nach einem lockeren Aufwärmen auf dem Laufband mehrere Geschwindigkeitsstufen, die sich jeweils um 1–1,5 km/h steigern, laufen. Jede Geschwindigkeitsstufe dauert mindestens 5 min. Am Ende jeder Stufe wird Ihnen ein Tropfen Blut am Ohr oder an der Fingerkuppe abgenommen, um das angefallene Laktat im Blut zu messen. Zusätzlich werden Ihre Pulswerte aufgezeichnet. Sie entscheiden wann Schluss ist. Das heißt Sie laufen, bis Sie erschöpft sind und Ihre Lakatwerte weit über 4 mmol/l ansteigen. Sie werden dann eine Laktatleistungskurve, wie oben beschrieben, von Ihrem Sportmediziner bekommen, auf der Ihre individuelle aerobe und anaerobe Schwelle genau gekennzeichnet ist. Sie wissen dann bei welchem Puls und bei welcher Geschwindigkeit Sie in den anaeroben Bereich kommen.

Noch ein paar Worte zum Laktat

Laktat kann als einziges Muskel-Stoffwechselprodukt im Blut einfach gemessen werden. Deswegen hat Laktat in der Trainingsdiagnostik zwar eine große, aber zum Teil zwiespältige Berühmtheit erlangt. Da bei hohem Lauftempo mit der zunehmenden Übersäuerung der Muskulatur auch mehr Laktat anfällt, dachte man Laktat sei die Ursache der Übersäuerung in der Muskulatur, die schließlich zum Leistungsabfall führt.

Neuere Studien zum Laktatstoffwechsel zeigen nun aber, dass die Bildung von Milchsäure bzw. Laktat mehr zur Abpufferung von Säuren beiträgt als zur Säurebildung. Die sehr wohl stattfindende Übersäuerung der Muskulatur bei hohen Belastungsintensitäten hat ihre Ursache also nicht in der Laktatbildung. Dafür sind andere Stellen der Energiestoffwechselprozesse verantwortlich. Man spricht deshalb von metaboler Azidose. Laktat hat einen zwiespältigen Ruf wohl vor allem daher, weil es sein Pech ist, dass seine Konzentration im Blut proportional zur Belastungsintensität bzw. Übersäuerung ansteigt.

Heute sollten wir davon ausgehen, dass Laktat im Muskelstoffwechsel eine leistungsunterstützende Rolle spielt und nicht umgekehrt. Es dient der schnellen Energiebereitstellung beim schnellen Sprint und anstrengendem Berglauf. Laktat ermöglicht die

Pufferung von Energie und deren Transport zu anderen Orten im Körper. Es kann also durch seine Funktion als Säurepuffer Ermüdung hinauszögern. Hohe Blutlaktatwerte stellen eine hohe Stoffwechselumsatzrate dar und müssen deshalb nicht unbedingt negativ sein.

Ihr Trainingsbereich

Ihr Trainingsbereich reicht von 60% bis 100% der maximalen Herzfrequenz und entspricht einem Laktatwert im Blut von ca. 2–20 mmol/Liter.
Dieser Bereich lässt sich einteilen in den Erholungs-, Stabilisations-, Entwicklungs- und Wettkampfbereich.

Erholungsbereich bei 60%–70% der maxHF
Laktatwert: > 2 mmol/l
Was gewinnen Sie in diesem Bereich?

- Sie machen sich Appetit aufs Laufen.
- Sie erholen sich nach ermüdenden Läufen oder einem langen Arbeitstag.
- Sie beschleunigen die Erholungsprozesse im Körper.
- Bei Muskelkater und Überlastungsschäden laufen Sie in diesem Bereich, um die Heilungsprozesse durch gute Durchblutung zu verbessern.
- Sie aktivieren Ihren Fettstoffwechsel mit langen Läufen. Sie züchten sich größere und mehr Mitochondrien. Das sind die kleine Fettverbrennungsöfchen, die in der Muskulatur Ihre Fette zu Energie verheizen.
- Sie lassen neue Äderchen in Ihren Muskeln sprießen.

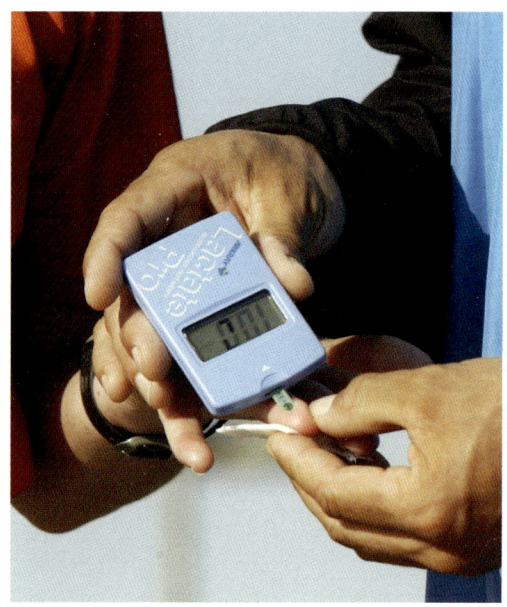

Nur ein kleiner Blutstropfen reicht aus, um den Laktatwert zu ermitteln

Tab. 4: Trainingsbereiche

Bereich	Erholungsbereich	Stabilisationsbereich
Intensität	sehr niedrig	niedrig bis leicht anstrengend
Puls (% maxHF)	60 – 70%	70 – 80%
Atmung	4:4er Atmung und länger	3:3er Atmung, 4:4er Atmung
Laktat	< 2 mmol	2 – 3 mmol
Energiebereitstellung	aerob	aerob, leicht anaerob
Trainingsmethode		
	Regenerationslauf	Dauerlauf (extensiv)
	Fettstoffwechsellauf	Fettstoffwechsellauf
	Alternativtraining	Fahrtspiel (extensiv)

Stabilisationsbereich bei 70%–80% der maxHF

Laktatwert: ca. 2–3 mmol/l
Was gewinnen Sie in diesem Bereich?

- Sie stabilisieren Ihre bereits gewonnene Form.
- Sie aktivieren Ihren Fettstoffwechsel mit langen Läufen.
- Neue Äderchen in Ihren Muskeln sprießen.

Entwicklungsbereich bei 80%–90% der maxHF

Laktatwert: ca. 3–6 mmol/l
Was gewinnen Sie in diesem Bereich?

- Sie bauen Ihre bereits gewonnene Form noch weiter aus.
- Sie haben wenig Zeit und wollen maximalen Kalorienverbrauch mit hohem absolutem Fettverbrauch. Absolut gesehen werden hier die meisten Fette verbrannt. Die Energie wird im Sauerstoffüberschuss über den Kohlenhydrat- und Fettstoffwechsel gewonnen.
- Sie stärken Ihr Herz-Kreislauf-System und bekommen »Tempohärte«.
- Sie verbessern den Laktatabbau während der Belastung (Laktatelimination).
- Sie vergrößern Ihre Kohlehydratspeicher (Glykogen) im Muskel.

Wettkampfbereich bei 90%–100% der maxHF

Laktatwert: ca. 4–20 mmol/l
Was gewinnen Sie in diesem Bereich?

- Sie entwickeln Gefühl für das angestrebte Wettkampftempo.
- Sie gewinnen an Schnelligkeit und Laufkoordination.
- Sie sammeln Erfahrungen, die Sie davor bewahren im Wettkampf zu schnell zu laufen.

Die Übersicht Ihrer Trainingsbereiche

In dieser Übersicht können Sie noch einmal deutlich sehen, welche Trainingsmethoden zu welchem Pulsbereich passen. Bei ca. 85% der maxHF im aerob-anaeroben Übergangsbereich liegt Ihre anaerobe Schwelle.
Das Wettkampftempo für den Zehner liegt kurz über Ihrer Schwelle.
Für den Halbmarathon laufen Sie im Schwellenbereich.
Beim Marathonlauf schalten Sie noch einmal einen Gang tiefer, Sie laufen kurz unterhalb Ihrer Schwelle.

Entwicklungsbereich	Wettkampfbereich
leicht bis sehr anstrengend	hochanstrengend
80 –90%	90 –100%
3:3er Atmung, 3:2er Atmung	2:2er Atmung und kürzer
3 – 6 mmol	> 4 – 20 mmol
aerobanerober Übergang	anaerob
Intervalle (extensiv/intensiv)	Intervalle (intensiv)
Dauerlauf (intensiv),	Wiederholungslauf
Tempolauf (für den Halben und Marathon)	Tempolauf (für den Zehner)
Fahrtspiel (intensiv)	Fahrtspiel (intensiv)
Berglauf (extensiv)	Berglauf (intensiv)
	Bergintervalle

3 Auf Schritt und Tritt schneller, aber mit Haltung bitte

Jeder von uns hat einen unverwechselbaren Laufstil. Ob nun kurze Beine, lange Arme, dick, dünn, X- oder O-beinig, bucklig oder hühnerbrüstig, muskelbepackt oder ausgemergelt, jeder läuft auf seine Weise. Und solange nichts zwickt und zwackt können Sie getrost mit Ihren liebenswerten Eigenheiten durch den Wald laufen, hüpfen oder schleichen.

Haben Sie mit Überlastungserscheinungen zu kämpfen? Wollen Sie Ihre Laufzeiten ein wenig aufpeppen? Auch wenn Sie nicht mit olympischen Genen oder himmlischem Talent ausgestattet sind, so lohnt es doch an Ihrem Laufstil ein bisschen herumzufeilen. Denn der Laufstil ist ein wichtiges Stück im Trainingspuzzle.

Sie brauchen dazu eine Vorstellung vom Bewegungsablauf , Körpergefühl und Geduld. Worte sind schnell vergessen. Gefühle brennen sich auf Gedeih und Verderb ein.

Also gucken Sie sich erstmal um, schauen Sie guten Läufern auf Arme und Beine. Vergleichen Sie. Ich bin oft bei Volksläufen am Bordstein gesessen und habe die Laufstile der Topläufer, die mit einer irren Geschwindigkeit vorbeiflogen angeguckt. Ich versuchte Dinge, die mir als sinnvoll erschienen zu kopieren. Ich fing an mit meinem Laufstil zu spielen. Mit der Schrittlänge, der Schrittfrequenz, meinem Armschwung, dem Aufsetzen der Füße...

Der Laufschritt zum Abheben

Beobachte ich Jogger im Park, dann stelle ich oft fest, dass der Laufstil bei vielen ziemlich unrund, um nicht zu sagen schweißtreibend aussieht. Beim Näherkommen sehe ich meist ein recht spaßfreies Gesicht, zusammengekniffene Augenbrauen und einen stieren Blick. Ein mühsamer Laufstil, der viel Kraft und vor allem wertvolle Motivation kostet.

Viele Hobbyläufer heben kaum ihre Beine. Sie plumpsen mit ausgestrecktem Bein förmlich in jeden Schritt. Die Länge und Ge-

Einfach locker bleiben – die Voraussetzung für ein beschwerdefreies Laufen.

staltung des Schrittes entscheidet darüber wie ökonomisch Ihr Laufstil ist. Mit anderen Worten, – fühle ich mich beim Laufen gut und läuft es sich einfach rund? Oder quäle ich mich beim Laufen, so wie durch den Arbeitstag?

Versuchen Sie keine riesigen Schritte zu machen. Das tut nur weh. Überlassen Sie die Riesenschritte lieber den großen Menschen, die können nicht anders. An den Weltklassesprintern vergucken Sie sich bitte auch nicht, denn die müssen damit ihre Brötchen hart verdienen. Wir können es uns leisten die Schrittlänge zu wählen, bei der wir uns wohlfühlen!

Ihre Schritte sind zu groß, wenn Sie mit beinahe durchgestrecktem Bein nach vorne greifen. Wenn Ihr Bein gerade ist, trifft die erste Berührung mit dem Boden hart auf die Ferse. Das Resultat ist, Sie spüren den Aufprall des Fußes bis hinauf in den Kopf. Sie belasten Ihre Wirbelsäule und Hüfte unnötig. Es gibt jedoch keine perfekte Schrittlänge. Sie ist abhängig von:

- Ihrer Verfassung
- Ihrer Körpergröße
- Ihrer Haltung
- Streckenprofil
- Bodenbelag
- Ermüdungsgrad
- Geschwindigkeit

Die meisten Menschen verbinden Laufen mit großen Schritten. Woran das wohl liegen mag? Anstatt mit kleinen Schritten anzufangen, hasten sie davon mit dem Gedanken: »Laufen muss weh tun.« Aber Sie haben natürlich mein vollstes Verständnis, wenn Sie mal aus Ihren Mäuseschritten Riesensprünge machen, um Ihrem Widersacher zu zeigen wo der Hammer hängt. Aber bitte nicht übertreiben und schauen, dass Sie gleich irgendwo um die Ecke biegen können um dann, wenn Sie außer Sichtweite sind, in Ruhe ausschnaufen zu können.

> **Tipp**
> Ihre Schrittlänge können Sie vergrößern durch:
> - Kräftigung der Beinmuskulatur. Entweder Sie machen Krafttraining für Ihre Beine oder Sie bauen ab und an ein Hügeltraining ein, um einen kräftigeren Abdruck zu bekommen.
> - Dehnen der verkürzten Laufmuskeln für mehr Beweglichkeit und größeren Bewegungsumfang.
> - Lange kraftvolle Schritte können Sie auch wunderbar mit Technikübungen (siehe Lauf-ABC auf Seite 39) und Intervallläufen trainieren.

Ganz im Vertrauen, Sie können Ihren Nachbarn auch überholen, indem Sie einfach Ihre Schritte ein bisschen schneller machen. Hören Sie in sich rein, Ihr Körper gibt Ihnen Ihre Schrittlänge und Schrittfrequenz vor. Wenn Sie mal richtig Tempo machen werden Sie merken, dass sich Ihre Schrittfrequenz ganz automatisch erhöht. Der Schlüssel zum schnellen Laufen ist also die Frequenz und ein guter Abdruck vom Boden, aber nicht der Mäuse- oder Meilenschritt.

> **Frequenz und Fußabdruck können Sie mit Treppenläufen und Technikübungen trainieren.**
> Treppenläufe: Laufen Sie die Treppen so hoch, dass Sie jede Stufe so kurz wie möglich berühren. Und bitte auf dem Vorfuß laufen, denn nur so können Sie sich ganz schnell abdrücken.
> Heiße Kohlenläufe: Oder Sie stellen sich vor Sie laufen über heiße Kohlen. Sie werden es also tunlichst vermeiden mit Ihren Füßen allzu lange am Boden zu bleiben und hochfrequent laufen. Ihre Kohlenstraße ist ca. 50 m lang. Einbauen können Sie sie in das Auf- oder Abwärmprogramm.

Haltung bitte

Wird der Schritt zu lang, kommen Sie mit Ihrem Körper nicht mehr hinterher und fallen in Rücklage. Sie strecken das Bein bei der Landung durch, kommen ins Hohlkreuz und setzen Ihren Po nach hinten ab. Sie wollen ja mit dem Abdrücken der Füße Ihren Körper nach vorne stoßen. Das können Sie schlecht, wenn sich Ihre Füße beim Aufsetzen auf dem Boden weit vor Ihrem Körper befinden.

Eignen Sie sich ein aufrechtes, stolzes Gefühl an. Sie brauchen es, um in Ihrem Körper die nötige Spannung fürs Laufen zu halten. Die Hüfte ist aufgerichtet und fällt selbst bei der Landung nicht nach hinten ab. Denn fällt die Hüfte nach hinten, senkt sich auch der Körperschwerpunkt ab. Beim nächsten Abstoß müssen Sie dann mühsam den Körperschwerpunkt gegen die Schwerkraft wieder anheben. Das ist ein ständiges auf und ab und fühlt sich nach Arbeit an. Doch die richtige Laufbewegung geht nach vorne. Stellen Sie sich vor, ein goldener Faden zieht Sie vom Brustbein aus stetig vorne nach oben. So halten Sie den Körperschwerpunkt selbst bei der Landung hoch und vor allem über den Beinen. Also nicht im Bürostil laufen, mit gekrümmter Haltung, nach vorne hängenden Schultern, rundem Rücken und gesenktem Blick.

Lehnen Sie sich leicht nach vorne und schieben Sie Ihre Hüfte vor. Und vergessen Sie das Lächeln beim Laufen nicht, Sie sehen nicht nur netter aus, Sie entspannen sich auch automatisch, wenn Sie ein bisschen Helligkeit in Ihr Gesicht bringen. Nacken und Schultermuskulatur werden weich, wenn Sie Ihre Brust zeigen. Nur so können Sie tief und befreit durchatmen.

Der Fußabdruck

Ihr Fuß sollte möglichst nahe an der Ideallinie Ihres Körperschwerpunktes aufsetzen. Gucken Sie ruhig mal auf Ihre Füße. Zeigen die Füße mehr nach außen? Oder sind die Füße schön nach vorne gerichtet? Wenn Ihre Füße in eine andere Richtung zeigen als die Laufrichtung bremsen Sie Ihren Schwung ab. Es wird anstrengend, verbissen und Sie werden langsam.

Die Landung

Also wie ist das jetzt mit meinem Fuß bei der Landung? Darf ich über die Ferse aufkommen oder darf sie den Boden erst überhaupt nicht berühren? Muss ich mehr auf der Innenkante oder auf der Außenkante laufen? Fragen über Fragen, und jeder hat kluge Antworten parat.

Lassen Sie sich nicht verunsichern, hören Sie auf sich, auf Ihren Körper, auf Ihr Gefühl! Räu-

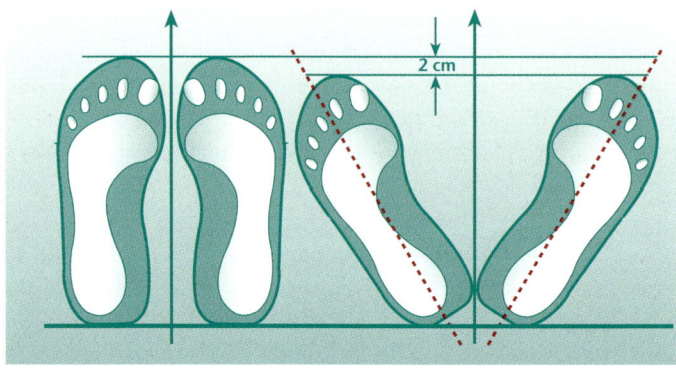

Zeigen Ihre Füße z. B. 30° nach außen verkürzt sich der Schritt um 2 cm und die Kraft des Fußabdruckes verringert sich.

Rechter Läufer: Der Po ist nach hinten abgesetzt und der Oberkörper zu stark nach vorne gelehnt. Das Bein ist durchgestreckt (falsch).
Linker Läufer: Die Hüfte ist aufgerichtet und der Oberkörper leicht nach vorne in Laufrichtung gelehnt. Das Bein ist leicht gebeugt (richtig)

men Sie Ihre Laufschuhe aus dem Schrank, denn so lernen Sie's am schnellsten.
Alle drei Laufstile, der Fersenlauf, der Mittelfußlauf und der Vorfußlauf haben Ihre Vor- und Nachteile. Wollen Sie besser werden heißt es auch hier: Variieren Sie.
Wenn bei einem längeren Auslauf die Waden nach einer Weile um Ruhe betteln und Sie leider noch drei Anstiege vor sich haben, wieso dann nicht der Laufschuhindustrie Danke sagen und den geplagten Muskeln eine Verschnaufpause gönnen? Denn gegen den Fersenlauf ist nichts einzuwenden, wenn Sie diesem Laufstil nicht völlig verfallen und sich bewusst machen, dass Sie damit Knochen und Bänder belasten, jedoch die Muskeln mal aufatmen dürfen.
Aber bloß nicht das Gefühl beim Barfußlaufen vergessen. Schon nach den ersten Schritten werden Sie es tunlichst vermeiden mit der Ferse voran in den Boden zu stampfen, denn Sie spüren den Stoß des Aufpralls durch den ganzen Körper. Sie können auch in Laufschuhen so laufen als ob Sie barfüßig wären, nämlich auf dem Vorfuß oder Mittelfuß. Da hilft das Sprunggelenk mitsamt dem Quer- und Längsgewölbes des Fußes mit die Landung abzufedern. Und Ihre Wadenmuskeln werden gefordert. Das schaffen Sie aber nur, wenn Sie in leichter Vorlage laufen und keine Riesenschritte machen. Sie haben dann nur eine geringe Belastung auf der Ferse und können sich voll und ganz auf den Abstoß konzentrieren, denn nur der bringt Sie vorwärts. Nur der gibt Ihnen das Gefühl des Abhebens. Einen starken schnellen Abdruck trainieren Sie am besten mit dem Vorfußlauf.

Tab. 5: Die Laufstile in Übersicht

	Vorfußlauf	Mittelfußlauf	Fersenlauf
Bei der Landung	1. Bodenkontakt mit dem Kleinzehengrundgelenk	1. Bodenkontakt mit mit dem äußeren Fußrand	1. Bodenkontakt mit mit der Fersenaußenseite
In der Stützphase	Absenken der Ferse mit gleichzeitiger Pronation	Absenken der Ferse mit gleichzeitiger Pronation	Absenken des Fußes mit gleichzeitiger Pronation und Torsion
Beim Abdruck	Belastung der Achillessehne, Wadenmuskulatur	Belastung der Achillessehne, Wadenmuskulatur, Zehenbeuger	Sprunghafter Belastungsanstieg der Achillessehne, Zehenbeuger
Belastung	äußerer Fußrand, Achillessehne, Wadenmuskulatur	äußerer Fußrand, Achillessehne, Wadenmuskulatur	Ferse, Sprunggelenk Kniegelenk, Wirbelsäule
Empfehlung	• bei schnellem Tempo, »aktiven« Läufen und Sprint • bei Bergaufläufen • bei Querfeldeinläufen • Laufstilwechsel bei Schmerzen an der Achillessehne oder Wade	• bei Tempo einheiten und »aktiven« Läufen • Laufstilwechsel nicht erforderlich, Belastung wird gut abgefangen	• bei langen ermüdenden Läufen • Laufstilwechsel bei Schmerzen an Ferse Sprunggelenk, Kniegelenk, Wirbelsäule

> **Noch ein Tipp**
> Laufen Sie über Stock und Stein, abseits der befestigten Wege. Sie bleiben automatisch auf dem Vorfuß, denn Sie können schneller reagieren, wenn Sie auf eine Wurzel treten oder ein Stein im Weg ist. Querfeldeinläufe sind ein gutes Koordinationstraining und sorgen für kräftige Sprunggelenke.

Die Arme, ein lästiges Anhängsel?

Beim Laufen denken Sie nur an die Beine. Aber wenn Sie sich leicht nach vorne lehnen bewegen sich Ihre Beine doch schon ganz von selbst. Sie würden ja sonst vornüberfallen. Aber kennen Sie das, wenn die Oberschenkel schwer werden? Sie kommen nicht vom Fleck und es ist einfach nur mühsam? Da können Sie durch einen lockeren Armschwung schnell Abhilfe schaffen. Nehmen Sie die Arme aktiv in den Schwung mit hinein. Versuchen Sie mit dem ganzen Körper zu laufen. Lassen Sie sich von Ihren Armen helfen und achten Sie vermehrt auf das Nachhintenschwingen des Armes. Wenn das rechte Bein nach vorne kommt, dann schwingt zum Ausgleich auch der linke Arm nach vorne. Das machen Sie ganz automatisch, ohne darüber nachzudenken.

Aber Vorsicht nicht die Arme fest machen und die Schultern nach oben ziehen. Helfen geht auch mit lockeren Muskeln, also mit entspannten Schultern und Nacken. Lassen Sie den Vortrieb und den Schwung, den Sie durch Ihre Beinarbeit haben einfach durch die Arme gehen.

Bei vielen Läufern hat es den Anschein, dass die Arme aktiv eingesetzt werden. Das sieht aber nur so aus, denn da sehen Sie nur eine perfekte Bein-Arm-Arbeit. Der Impuls aus Hüfte und Beinen wandert über die Wirbelsäule zu Schultern und Armen bis in die Finger. Das einzige was Sie also machen ist:

- Arme auf der Seite locker mitschwingen und das möglichst mit einem 90°-Winkel im Ellenbogengelenk.
- Nacken und Schultern sind locker. Am besten lassen Sie die Schultern ganz bewusst bei jedem mal ausatmen fallen.
- Auch die Handgelenke sollten möglichst entspannt sein, denn wenn Sie Fäuste machen, spannen Sie automatisch die Schultern an, aus denen Sie den lockeren Schwung holen sollen.
- Tun Sie so als ob Sie eine Kaffeetasse fassen und der Daumennagel zeigt nach oben. So haben Sie entspannte Hände. Die Hände schwingen zwischen Brust und Hüfthöhe nach vorne und hinten. Denn sind die Hände beim Schwung nach hinten niedriger als Hüfthöhe und der Winkel im Ellenbogen größer als 90 Grad, fallen Ihre Schultern nach vorne und das Becken kippt nach hinten. Das Laufen mit einem langen Armpendel ist mühsam.

> **Tipp**
> Zur Überprüfung der Armhaltung lassen Sie die Hände am oberen Hüftrand entlang streifen.

Und die Arme bitte in die Richtung schwingen, in die Sie laufen, denn ich sehe nur allzu oft Jogger, die ihre Arme vor dem Brustkorb rüber und hinüber schleudern. Dadurch verpufft die ganze Energie, die Sie nach vorne tragen soll. Außerdem stört Sie das »Gefuchtel« der Arme auch noch beim Atmen. Ihr Brustkorb fällt zusammen, der obere Rücken wird rund und die Hüfte kippt nach hinten. Dadurch wird die Atmung flach.

Hecheln und rumfuchteln überlassen Sie also bitte anderen. Und denken Sie an den goldenen Faden der Sie am Brustbein nach vorne oben zieht. So bleiben die Schultern automatisch hinten und der Brustkorb offen.

> **Tipp**
> Übrigens können Sie durch ein kleines Workout für die Arme Ihr Tempo verbessern. Denn durchtrainierte Arme helfen dabei Laktat, das bei Belastung entsteht wieder abzubauen. Sie werden schneller und beschwingter laufen.

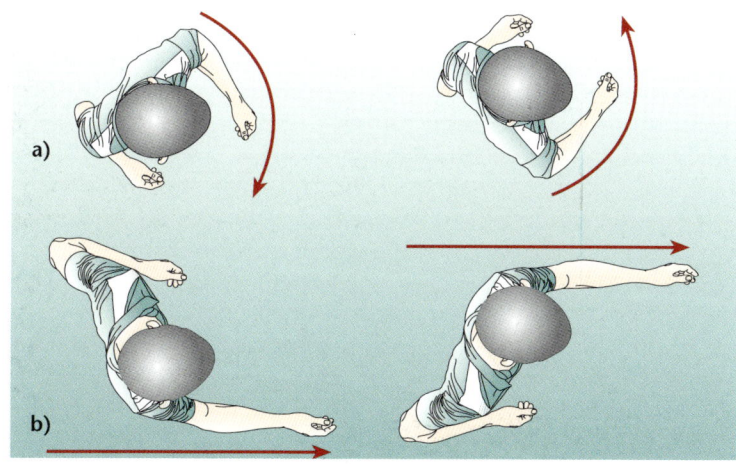

a) Falsch: Oberkörper rotiert zu stark, Arme schwingen nicht in Bewegungsrichtung
b) Richtig: Oberkörper rotiert leicht, Arme schwingen aus den Schultern in Laufrichtung

4
Die Basis hält alles zusammen

Wenn Sie ein Süppchen kochen, brauchen Sie erst mal einen Topf, der das Gemisch, dass Sie zusammenbrauen beisammen hält. Sie werden einen Topf mit einem hohen Rand wählen. Sonst gibt's eine Sauerei wenn es überkocht. Sie werden keine zerbrechliche Glasschale verwenden, sondern einen robusten dicken Topf. Beim Suppe kochen denken Sie genau nach. Machen Sie das bei Ihrem Training auch? Es gibt Läufer, die wollen Suppe in einer Glasschüssel kochen. Es gibt Läufer die lassen die Suppe überkochen. Sie wissen was ich sagen will?

Der gute alte Topf ist Ihre Grundlagenausdauer, in der Sie dann Ihre Tempowürze nach Belieben mischen dürfen. Mal chilischarf und mal eher leicht gepfeffert. Ist Ihre Grundlage hoch und dick genug, können Sie sich setzen und löffeln. Keine Sauerei in der Küche, keine zerplatzte Glasschale, kein Herdplattenkratzen, keine Überlastungserscheinungen und kein Übertraining.

Extensiver Dauerlauf

Mit dieser Trainingsmethode legen Sie die Basis für hochintensives Training. Sie aktivieren in diesem Bereich Ihren Fettstoffwechsel. Der extensive Dauerlauf erhält und entwickelt die Grundlagenausdauer. Sie sollten also nonstop im Stabilisationsbereich laufen. Bei kürzeren Einheiten (40–60 min) an der oberen Grenze des Stabilisationsbereiches (75–80% maxHF) bei längeren (60–120 min) an der unteren Grenze(70–75% maxHF). Ich weiß, das fällt Ihnen schwer. Sie würden gerne schneller.

Aber glauben Sie mir: Langsam laufen kann schnell machen. Und hängen Sie lieber ein paar Kilometer dran, bevor Sie schneller werden. Das macht auch zufrieden. Die Mindestdauer solcher Läufe sollte über 40 Minuten liegen, aber 2 Stunden nicht überschreiten.

Tab. 6: Die Streckenlängen für den extensiven Dauerlauf je nach Trainingsziel

Ziel	Marathon	Halbmarathon	10 km
Länge des externen Dauerlaufes	20–30 km	10–20 km	12–18 km

Den Fettstoffwechsel aufwecken

Wenn Sie Ihren Fettstoffwechsel auf Touren bringen wollen, dürfen Sie jedoch noch länger und langsamer laufen. Diesen Lauf nennt man Fettstoffwechsel-Lauf. Er ist mindestens 90 min lang. Der Übergang vom extensiven Dauerlauf zum Fettstoffwechsel-Lauf ist fließend.

Ein guter Fettstoffwechsel entscheidet beim Marathon, ob Sie nach 30 km aufgeben und mit dem Bus zum Ziel gefahren werden oder erfolgreich und glückselig ins Ziel laufen. Ich habe so einen Einbruch beim Frankfurt-Marathon erlebt. Ich hatte mir kein Kissen antrainiert, hatte keine Fettstoffwechselläufe gemacht und während des Marathons keine Kohlehydrate an den Verpflegungsstellen gebunkert. Ich war unerfahren, blauäugig und hatte alles falsch gemacht, was man falsch machen konnte. Bei Kilometer 25 kam der Mann mit dem Hammer. Ich war vollkommen im Unterzucker, meine Kohlehydratvorräte im Körper waren aufgebraucht. Ich konnte nicht mehr. Ich sah Sternchen. Als ich aus dem Rennen ausstieg, brachte mich ein Helfer zum Bus, der schon mit ein paar, in blaue Mülltüten eingehüllten Läufern besetzt war. Ich bekam ebenfalls vom Busfahrer eine Mülltüte mit ein paar Löchern für Kopf und Arme zum Überziehen und Warmhalten. Dann gesellte Ich mich zu den anderen, niedergeschlagenen »Marsmännchen«. Der Busfahrer tröstete uns mit den Worten: »Das nächste mal kommt ihr ohne meine Hilfe durch!« Es war irgendwie schaurig. Keiner von uns hatte so richtig Lust über die einschneidenden Erlebnisse auf der

Tab. 7: Die Streckenlängen für den Fettstoffwechsel-Lauf je nach Trainingsziel

Ziel	Marathon	Halbmarathon	10 km
Länge des Fettstoffwechsellaufes	20–38 km	20–30 km	17–23 km

Tab. 8: Die Streckenlängen für den intensiven Dauerlauf je nach Trainingsziel

Ziel	Marathon	Halbmarathon	10 km
Länge des intensiven-Dauerlaufes	10–15 km	8–12 km	5–10 km

Strecke zu plaudern. Ab und zu wurde die bedrückende Stille durch das Rascheln der Plastiktüten unterbrochen. Und ich schwor mir. Das passiert mir nie wieder. Und wenn ich den Marathon ab km 25 durchgehe.

Wappnen Sie sich mit ein paar langen, lockeren Läufen für den Marathon. Laufen Sie im Erholungsbereich (bei ca. 70% maxHF) mindestens 90 min und länger. Nach 90 min haben Sie Ihre Kohlehydratspeicher aufgebraucht und der Fettstoffwechsel läuft auf Hochtouren. Die Aktivität bestimmter Muskelenzyme, die an der Fettverbrennung beteiligt sind, führen zu einer Zunahme und Vergrößerung der Mitochondrien (Kraftwerke für die Fettverbrennung). Sie können dadurch bei höheren Intensitäten anteilig mehr Fettsäuren verbrennen und schonen Ihre Glykogenspeicher.

Trainieren Sie Ihren Fettstoffwechsel ca. 4–6 Wochen lang 1–2 mal wöchentlich. Danach ist Ihre Grundlagenausdauer schon auf einem höheren Niveau.

Intensiver Dauerlauf

Mit dem intensiven Dauerlauf gewöhnen Sie Ihre Muskulatur an ein höheres Lauftempo und entwickeln Ihre Grundlagenausdauer. Bei einem kurzen Dauerlauf (40 min – 80 min) können Sie im unteren Entwicklungsbereich (80–85% maxHF) trainieren, bei einem langen intensiven Dauerlauf (60–120 min) nehmen Sie Intensität raus und trainieren im oberen Stabilisationsbereich (75%–80% maxHF). Der lange intensive Dauerlauf wird in der Marathonvorbereitung als sogenannter Marathon-Kontroll-Lauf eingesetzt und ist bis zu 30 km lang.

Regenerationslauf

Für die meisten von uns Läufern ist es sinnvoll anstatt zu laufen lieber zur Regeneration komplett trainingsfrei zu nehmen oder ein Alternativtraining zu absolvieren. Für mich sieht ein Regenerationslauf so aus, dass ich maximal 40 min mit maximal 60–70% der maxHF locker und entspannt dahintrabe. Dieser Lauf ist aktive Erholung und gut für das Auslockern der Muskulatur nach tags zuvor harten oder langen Einheiten.

Saugen Sie beim Erholungslauf die Natur in sich auf. Sie tanken Energie für den nächsten Tag

5 Rezepte fürs Tempo

Schneller werden Sie nur, wenn Sie Ihren Beinen zeigen wie sich das anfühlt. Es ist egal ob 10 km, Halbmarathon oder der Klassiker »Marathon«. Für alle Strecken ist Schnelligkeit wichtig. Das werden Sie spätestens dann merken, wenn Sie Ihren ersten Wettkampf gelaufen sind und ab diesem Tag eine Laufzeit im Kopf haben, die Sie unterbieten wollen. Unabhängig davon wie ehrgeizig Sie sind, der kleine Mann in Ihrem Hinterkopf hat sich eingenistet und wird Sie immer wieder fragen: »Na, schaffst du es diesmal vielleicht ein bisschen schneller?« Und Sie schaffen es schneller. Sie haben sich schon einen Grundstock mit langsamen, längeren Läufen aufgebaut. Das Wasser für Ihren Zaubertrank ist warm. Jetzt dürfen Sie Geschmack dran bringen. Welche Würzmischung Ihnen zusagt, können Sie entscheiden. Es gibt beim Tempotraining verschiedene Möglichkeiten und Methoden, die sich ergänzen oder ineinander überlaufen. Sie dürfen wählen, aber bitte nur höchstens 2 Rezepte in der Woche ausprobieren.

> **Tipp**
> Eine gute Faustregel ist: 5% (Marathon) – 10% (10 km) Ihrer Laufkilometer pro Woche dürfen hart und schnell sein. Rechnen Sie doch mal nach ob das bei Ihnen der Fall ist?

Technik-Trimm-Dich: Das ABC des Laufens

Als ich in den Laufclub kam wurde ich gleich auf Herz und Nieren geprüft. Nein, keine ärztliche Untersuchung, nur meine Lauftechnik, das Herzstück des Läufers wurde genau unter die Lupe genommen. »Mal gucken ob die Kleine koordinativ was drauf hat.« Ich musste bei den Laufcracks mit einem Lauf – ABC, also Technikübungen einsteigen. Ich dachte immer, Laufen ist Laufen und wenn man schneller werden will, muss man halt schneller laufen. An diesem Tag wurde ich eines Besseren belehrt. Laufen ist Kunst. Laufen ist Gefühl. Neben mir flogen die Beine mit einer atemberaubenden Frequenz durch die Luft, während ich damit beschäftigt war, über meine nicht zu stolpern. Die Oberkörper meiner noch nicht ganz Laufkollegen (die Anerkennung musste ich mir erst noch stilistisch erlaufen) liefen wie auf Schienen. Kein Auf- und Abhüpfen. Der Oberkörper ein Block und die Arme und Beinen rotierten mit einem Affenzahn. Was mir bei dieser Trainingseinheit schlagartig bewusst wurde war, dass Laufen keineswegs nur etwas mit meinen Beinen zu tun hatte sondern mit Spannung, mit Gefühl, mit Schnelligkeit und vor allem Spaß am Fliegen. Und das alles ohne Anstrengung. Denn kurz bevor ich so richtig ins Schnaufen kam, kam die Trillerpfeife und wir durften locker zurückgehen. Da-

Gemeinsam trainieren sorgt für Abwechslung.

Strecken und beugen Sie Ihr Fußgelenk in der Luft, um ein Gefühl dafür zu bekommen. Dann probieren Sie es auf der Stelle stehend aus

durch konnte ich ausgeruht und mit voller Konzentration (die ich bitter nötig hatte) in die nächste Übung starten. Dieses Prinzip ist auch für Sie wichtig. Sie sollten eine Übungsstrecke von ca. 30–50 m haben, welche Sie dann nach der Übung wieder locker zurück traben oder gehen. Das reicht vollkommen aus. Sie sollen Spaß am Fliegen haben und sich nicht verausgaben. Diese Übungen lassen sich gut ins Aufwärmprogramm integrieren, ca. 1–2 mal die Woche. Denn am Anfang haben Sie noch genügend Konzentration und die Muskeln sind frisch. Aber bitte vorher einlaufen und lockeres Dehnen nicht vergessen. Suchen Sie sich ein Stück ebene Wiese oder einen weichen Waldweg ohne Unebenheiten. Mit Beton seien Sie bitte vorsichtig und testen Sie erst an, ob Sie den harten Untergrund aushalten. Planen Sie für das Gesamtprogramm ca. 15–20 min ein. Führen Sie jede Übung 2–4 mal durch.

Und arbeiten Sie mit Ganzkörperspannung, das heißt Schultern leicht nach hinten unten ziehen, Hüfte aufrecht halten und den Bauch anspannen. Und setzen Sie Ihre Arme als Gegenlager für die Beine ein. So und jetzt zu den Übungen:

Fußgelenkarbeit

Diese Übung sieht relativ locker aus, aber nach 20 m fangen die Waden herrlich an zu brennen. Sie bekommen starke Waden und einen gutes Gefühl für Ihren Fußabdruck. Machen Sie kleine schnelle Mäuschenschritte. Es geht nicht darum wer als erster am Ziel ist, sondern um Frequenz und geringen Raumgewinn. Die Bewegung im oberen Sprunggelenk ist maximal. Der Fuß wird abwechselnd von der Fußspitze beginnend bis zur Ferse und wieder zurück abgerollt. Diese Übung können Sie auch erst mal auf der Stelle stehend ausprobieren.

> **Tipp**
> Sie erarbeiten sich mit dieser Übung ganz spielerisch einen kräftigen Fußabdruck. Sie gewinnen mit jedem Schritt ein paar Zentimeter dazu und was das für einen Marathon und Ihre Laufzeit bedeutet, muss ich Ihnen nicht erklären.

Kniehebelauf

Diese Übung ist der Fußgelenkarbeit recht ähnlich, nur dass Sie nicht mehr bodennah arbeiten sondern jetzt die Knie nach oben bis auf Hüfthöhe bringen. Sie werden merken, dass Sie jetzt mit dem Oberkörper aktiv gegenhalten müssen. Je höher die Knie, desto mehr müssen Sie den Oberkörper dagegen spannen. Lehnen Sie sich leicht nach vorne und halten Sie Ihre Hüfte aufrecht, um nicht nach hinten zu fallen. Durch diese Übung bekommen Sie starke Hüftbeuger und machen Ihren verkürzten hinteren Oberschenkel wieder lang. Das ist übrigens eine ganz typische Schwachstelle bei vielen Langstreckenläufern. Im ermüdeten Zustand so nach 1,5–2 h Laufen werden die Schritte kürzer und der hintere Oberschenkel verspannt und verkürzt.

> **Tipp**
> Ein verkürzter hinterer Oberschenkel macht den Schritt kurz und Sie langsam. Dehnen Sie Ihre Schwachstelle nicht nur mit Dehnübungen sondern auch dynamisch mit Lauftechnik.

Hopserlauf

Den Hopserlauf kennen Sie aus Ihrer Kindheit. Der Bewegungsablauf hört sich kompliziert an, aber ist eigentlich einfach. Sie haben

Lassen Sie die Knie nach oben fliegen, und vergessen Sie nicht, Ihr Fußgelenk aktiv nach unten zu strecken

Setzen Sie die Arme kräftig ein, dann fliegen Sie gleich ein paar Zentimeter höher

Beim Sprunglauf lernen Sie das Fliegen! Achten Sie auf Ihre Ganzkörperspannung

jeweils 2 Bodenkontakte mit jedem Fuß: rechts, rechts – links, links usw. Sie können sehr entspannt und leicht hüpfen, aber auch sehr intensiv nach oben weg hüpfen. Wenn Sie das machen werden Sie merken, dass Sie im Flug viel Spannung aufbauen müssen, um die Richtung und das Gleichgewicht zu halten. Ich brachte am Anfang ständig meine Arme und Beine durcheinander. Die Koordination ließ noch etwas zu wünschen übrig, aber nach ein paar Wiederholungen hatte ich es raus und ich konnte die Arme jetzt gut zum Fliegen einsetzen. Machen Sie erst kleine Hüpfer. Wenn das linke Knie hochgeht kommt der rechte Arm nach vorne. Und der Armschwung darf kräftig ausfallen, so dass die Hände auf Kinnhöhe kommen.

Sprunglauf
Der Sprunglauf ist ein lang gezogener Laufschritt mit viel Flugphase. Sie drücken sich kräftig aus dem Fuß ab und springen weit nach vorne oben. Fangen Sie zunächst mit langgezogenen Laufschritten an und kommen Sie dann ins Springen. Ziehen Sie das Knie des Schwungbeins bis auf Hüfthöhe hoch. Die Arme schnellkräftig mit einsetzen.

Anfersen
Wenn Sie Ihren vorderen Oberschenkel aktiv dehnen wollen, ist das die passende Übung. Schwingen Sie die Füße Richtung Gesäß. Drücken Sie dabei leicht die Hüfte nach vorne. Wenn Sie den Dreh raus haben, lehnen Sie sich leicht nach vorne und kommen so ins Laufen. Das wichtigste an dieser Übung ist, dass Sie die Knie immer unten lassen, die Oberschenkel stehen senkrecht zum Boden. Wenn Sie an sich runtergucken sehen Sie genau, ob Ihre Oberschenkel Ihnen entgegenkommen. Mein Trainer feuerte mich immer an mit den Worten: »Trete dir in den Hin-

Rezepte fürs Tempo

Lassen Sie Ihre Unterschenkel fliegen, aber bitte mit Bauchspannung

tern! Fester, hop, hop!« Und das funktioniert.

> **Tipp**
> Haben Sie eine verkürzte vordere Oberschenkelmuskulatur oder zu kurze Hüftbeuger, dann bauen Sie diese Übung öfter in Ihr Lauf-ABC mit ein.

Steigerungen

Wenn Sie Steigerungsläufe machen, steigern Sie die Geschwindigkeit vom lockern Dauerlauftempo über eine Strecke von 50–80 m bis auf Höchstgeschwindigkeit.
Sie dürfen jetzt mal richtig sprinten. 3–4 Steigerungen können Sie ab und an in Ihre langen Läufe einbauen.
Wenn Sie in Zeitnot sind oder nur ein kurzweiliges Training wollen, dann machen Sie diese Übungen ganz intensiv und konzentriert zu Ihrer Hauptmahlzeit, zu Ihrem Kernstück Ihrer Trainingseinheit. Damit tanken Sie Schnelligkeit pur und machen sich Lust aufs Laufen. Sie werden sehen, die Zeit vergeht wie im Flug. Nach diesem Training sollten Sie sich nicht erschöpft fühlen, sondern eher gestärkt. Nur so werden Sie schneller!

Das Spiel mit der Geschwindigkeit: Fahrtspiel

Der beste Einstieg in ein schnelleres Tempo ist das Fahrtspiel. Es ist eine spielerische Heranführung an neue (Lauf)aufgaben. Und was in der Kindererziehung funktioniert, klappt bei uns Erwachsenen natürlich erst recht. Lernen Sie im Spiel. Sie können die Angst vor Anstrengung also getrost zuhause lassen, denn Sie bestimmen, ob diese Tempoeinheit Ihre härteste Trainingseinheit oder Ihre leichteste für diese Woche wird. Wichtig ist für Sie nur der Tempowechsel, das Spiel mit der Geschwindigkeit. Sie werfen sozusagen alle Trainingsmethoden, die Sie kennen, Intervalle, Wiederholungsläufe, Steigerungen, Bergläufe und Sprints in einen Sack und schütteln einmal kräftig. Jetzt haben Sie Ihr Fahrtspiel. Es kann von 30–60 min dauern. Aber bitte intensiv auf- und abwärmen. Sie können nach belieben schnell, mittelschnell, langsam laufen. Sie können geländeangepasst laufen. Sie können Strecken zwischen Telefonmasten sprinten und dann gehen. Schärfen Sie Ihren Laufinstinkt und hören Sie in Ihren Körper. Sie geben Tempo und Distanz vor. Sie dürfen nach so einem Training müde sein, aber nicht ausgepumpt.
Das Spiel mit lockeren Tempi im unteren Entwicklungsbereich, nennt man extensives Fahrtspiel. Das intensive Fahrtspiel hat es schon in sich, denn da dürfen Sie richtig schnell laufen und Sie befinden sich vornehmlich im oberen Entwicklungsbereich.

Wenn Sie jetzt noch auf eine Anleitung zum Spielen warten, dann warten Sie umsonst. Schnüren Sie Ihre Schuhe, spielen Sie mit Ihrer Geschwindigkeit und fühlen Sie den Fahrtwind.
Nur ein grober Anhaltspunkt: das Verhältnis von schnellem Tempo zu langsamem Tempo sollte ca. 1:2 sein.

Das Salz in der Suppe: Intervall-Lauf

Sie mögen Salz in Ihrer Suppe? Ich auch. Aber Sie wissen, der Grad zwischen schmackhaft und versalzen ist sehr schmal. So ist das mit Intervallläufen auch. Sie wirken Wunder wenn Sie sie richtig dosieren. Ein Intervalllauf pro Woche ist eine gute Faustregel. Mancher Lauftrainer behauptet, es sei die wirksamste Methode, um langsamen Läufern Beine zu machen. Mein Trainer hat mir Beine gemacht. Er hat Bergläufe mit Intervallen kombiniert. Wir mussten jeden Sonntagmorgen 6 x 800 m bergauf laufen und locker wieder zurück. Das war hart, aber sehr kurzweilig und nach meinen ersten erfolgreichen Wettkämpfen wusste ich auch, diese Bergintervalle hatten sich gelohnt. Auch wenn die Intervalle oft etwas kürzer ausgefallen sind als mein Trainer dachte. Denn nach 200 m machte der Weg eine leichte Rechtskurve und war für meinen Trainer nicht mehr einsehbar. So passierte es schon ab und an, dass ich meine Intervalle eigenmächtig von 800 auf 600 m verstümmelte. Meine Laufkumpanen hielten zum Glück dicht und petzten nicht. Denn dieses Donnerwetter hätte ich nicht unbeschadet überstanden.

Mit Steigerungen tanken Sie pure Schnelligkeit ohne Anstrengung

Ihnen rate ich das aber nicht. Hören Sie von Anfang an auf Ihren Körper. Lassen Sie sich kein Programm vorgeben, auch wenn Ihr Trainer noch schlimmer ist als meiner. Fragen Sie sich: »Habe Ich Lust auf Tempo oder nicht? Will ich eher kürzere oder längere Intervalle laufen?« Entscheiden Sie sich nach dem Einlaufen. Doch wenn Sie sich entschieden und in sich hineingehört haben, versuchen Sie nicht zu mogeln. Denn Sie sind Ihr grausamster Trainer und Richter. Wenn Sie mit sich nicht zufrieden sind und Ihr Ziel nicht erreicht haben, knabbern Sie an dieser Niederlage. Also gehen Sie nett mit sich um. Denn Intervalle sind hart genug. Über das Ziel hinausschießen und 2 Intervalle dranhängen, können Sie noch jederzeit. Das ist übrigens auch ein gutes Zeichen für die richtige Einteilung Ihrer Reserven. Denn Ihre letzten Intervalle sollten grundsätzlich die kontrolliertesten sein. Ich schreibe absichtlich nicht »die schnellsten«, denn in der Praxis erfordert das sehr viel Fingerspitzengefühl und Erfahrung. Aber Sie sollten gerade in den letzten Läufen besonders auf Ihren Stil achten und sich nach Innen konzentrieren.

Wie sieht so ein Intervalltraining genau aus? Ich gebe Ihnen hier nur eine grobe Orientierung, denn je nachdem welches Laufbuch Sie aufschlagen werden Sie andere Arten von Intervallläufen empfohlen bekommen. Jedoch eine gewisse Grundregel gibt es, mit der Sie arbeiten können und Ihre Lieblingsdistanzen herausfinden:

Laufen Sie eine bestimmte Strecke mehrere Male mit mittlerer bis hoher Intensität. Dazwischen legen Sie zur Erholung Pausen ein. Und das Auf- und Abwärmen nicht vergessen.

Auf folgende Dinge sollten Sie achten:

Die Distanz
Die Strecke, ob auf der Bahn, auf der Straße oder auf ebenen Waldwegen sollte möglichst gerade und einsehbar sein. Die Streckenlänge kann von 400 m bis 3000 m variieren wobei die Strecke in einer Trainingseinheit, dieselbe bleibt. Wenn Sie nicht auf der Bahn laufen wollen, was übrigens einen irren Spaß macht, dann können Sie sich entweder an Bäumen, Meilensteinen, Telefonmasten oder anderen markanten Punkten orientieren, um die Streckenlänge beizubehalten. Sie können natürlich auch über die Zeit gehen und sich Ihre Stoppuhr so einstellen, dass Sie zu jedem neuen Antritt, z.B. alle 3 min piepst.

Das Tempo
Die Intensität mit der Sie laufen hängt natürlich von dem Wettkampf ab, für den Sie trainieren. Sie ist auch abhängig von der Anzahl der Wiederholungen und ob Sie mehr die Ausdauerkomponente oder die Schnelligkeitskomponente in Ihrem Training betonen wollen. Orientieren Sie sich an der Herzfrequenz. Trainieren Sie für intensive und kurze Läufe im oberen Entwicklungsbereich und Wettkampfbereich. Für längere, extensive Läufe im unteren Entwicklungsbereich.

Die Wiederholungen
Je kürzer die Strecke desto höher können Sie die Wiederholungszahlen ansetzen. Aber bitte dosieren Sie vorsichtig, denn viel bringt nicht immer viel. Es gibt Kandidaten, die Laufen 40 x 200 m. Ich würde das vom Kopf her nicht gut verkraften. Aber erfahrungsgemäß kann ich maximal 12 Wiederholungen, egal welche Strecken Sie laufen, empfehlen. Da ist das Ende absehbar und Sie können das Tempo über alle Wiederholungen einigermaßen halten. Es ist eine Daumenregel nicht mehr als 10% der wöchentlichen Distanz schnell zu laufen. Zum Beispiel: ein Läufer, der wöchentlich ca. 40 km läuft kann ein Training aus 5 x 800 m oder 10 x 400 m (4 km) einmal pro Woche laufen. Berücksichtigen Sie dabei bitte auch Wettkämpfe etc.

Die Pause

Die Pause gestalten Sie so, dass Sie entweder trabend oder gehend warten bis Ihre Herzfrequenz in den unteren Stabilisationsbereich (ca. 70% maxHF) abgesunken ist. Die Pause ist um so kürzer, je besser Ihr Trainingszustand und je kürzer die gelaufene Strecke ist.

Sie können auch als Faustregel dieselbe Strecke traben, die Sie gelaufen sind. Also 400 m schnell laufen und 400 m traben oder gehen. Diese Art von Pause nennt man im Fachjargon auch »lohnende Pause«. Damit ist gemeint, dass Sie nicht ganz ausgeruht in die nächste Wiederholung starten. So ermüden Sie mit jeder Wiederholung ein bisschen mehr und holen allmählich alles oder sagen wir lieber ziemlich viel aus sich heraus.

Die Intervallmethode wird grob eingeteilt in die extensive und die intensive Intervallmethode.

Lockere, extensive Intervalle

Hier laufen Sie relativ locker. Die Intensität ist niedriger (Stabilisationsbereich, Entwicklungsbereich) und die Wiederholungszahl höher. Dieses Training darf sich mehr in die Länge ziehen und Sie dürfen die Pausen (nur als erfahrener Intervall-Läufer) verkürzen. Und es versteht sich von selber, dass Sie je nach Trainingsziel unterschiedliche Strecken und Intensitäten laufen.

Was diese Methode bewirkt:
- Entwicklung von Tempogefühl
- Verbesserung der Grundlagen- und Kraftausdauer

- Verbesserte Kapillarisierung
- Verbesserung des Muskelstoffwechsels
- Verbesserung des Laktatabbaus
- Erhöhung des Sauerstoffaufnahmevermögens

Harte, intensive Intervalle

Sie laufen harte, kurze Einheiten. Es reichen aufgrund der hohen Intensität (oberer Entwicklungsbereich, Wettkampfbereich) wenige Wiederholungen. Die Pausen dürfen etwas länger sein.

Was diese Methode bewirkt:
- Entwicklung von Tempogefühl und -härte
- Verbesserung der Schnelligkeitsausdauer
- Verbesserung des Laufstils
- Spezielles Stehvermögen
- Verschiebung der anaeroben Schwelle nach oben
- Verbesserung der Herz-Kreislaufregulation
- Verbesserung der Stoffwechselprozesse

Sie sind unerfahren und wissen nicht mit wie vielen Wiederholungen Sie anfangen sollen?

> **Tipp**
> Am besten pirschen Sie sich langsam heran. Fangen Sie mit 4 x 400 m-Wiederholungen an, egal auf welche Wettkampfdistanz Sie sich vorbereiten.

Wenn Sie diese nicht durchhalten, waren Sie zu schnell. Wenn Sie mehr als 6 schaffen und sich noch frisch fühlen, dürfen Sie das nächste mal einen Zahn zulegen.

Tab. 9: Extensive Intervalle für verschiedene Trainingsziele

Intervalle (ext.)	Marathon	Halbmarathon	10 km
Streckenlänge	1000 bis 3000 m	800 bis 2000 m	600 bis 1200 m

Tab. 10: Intensive Intervalle für verschiedene Trainingsziele

Intervalle (int.)	Marathon	Halbmarathon	10 km
Streckenlänge	800 bis 1500 m	400 bis 1500 m	400 bis 800 m

Abschmecken mit Geschwindigkeit pur: Wiederholungslauf ...

Der Wiederholungslauf ist dem Intervall-Lauf sehr ähnlich, nur dass die Trab oder Gehpause eine richtige Pause ist. Ihre Herzfrequenz sollte bis in den Erholungsbereich sinken und Sie sollten frisch in die nächste Wiederholung gehen.

Als ich das begriff, setze ich mich sofort nach dem Lauf auf meine vier Buchstaben um auszuschnaufen. So sinkt die Herzfrequenz am schnellsten. Mich trafen erstaunte Blicke. Wieso guckten alle? Ich wollte doch nur ausruhen? Ich wurde aufgeklärt: »Du darfst Dich gleich ausruhen, sogar alle Viere von Dir strecken, aber zuerst musst Du ein kleines Ründchen auslaufen. Aus Deinen Muskeln muss der Schlackenmüll (Laktat) raus und Treibstoff (Zucker) und Sauerstoff für die nächste Wiederholung rein. Trabenderweise geht das schneller.« Das leuchtete mir ein. Die Wiederholungen werden im maximalen Tempo mit submaximaler bis maximaler Intensität (Wettkampfbereich) gelaufen. Gehen Sie mit dieser Methode bitte ganz behutsam um, denn das ist nur was für den harten Wettkampf.

Tab. 11: Streckenlänge der Wiederholungsläufe für verschiedene Trainingsziele

Wiederholungen	Marathon	Halbmarathon	10 km
Streckenlänge	1000 bis 3500 m	1000 bis 2000 m	800 bis 2000 m

Was diese Methode bewirkt:
- Entwicklung von Tempogefühl und -härte
- Spezielle Wettkampfausdauer
- Schnelligkeitsausdauer
- Vergrößerung der Energiereserven
- Durchhaltevermögen trotz starker Übersäuerung

Variieren Sie Ihr Training und laufen Sie hin und wieder auf der Bahn.

Tab. 12: Pausenzeiten zur groben Orientierung

Distanz (m)	leichtes Tempo 90% maxHF	schnelles Tempo 95% maxHF	Höchsttempo 100% maxHF
200 m	1:00	2:00	4:00
400 m	1:30	3:00	7:00
800 m	2:00	5:00	9:00
1000 m	2:30	6:00	12:00
2000 m	5:00	8:00	20:00
3000 m	10:00	12:00	25:00

Halten Sie sich nicht genau an die Pausenzeiten. Sie dürfen länger ausruhen, wenn Sie sich danach fühlen. Diese Pausenzeiten können Sie auch für Ihre Intervall-Läufe benutzen.

... und der Tempolauf

Und für die ganz Harten unter Ihnen gibt's jetzt noch ein Bonbon für die Geschwindigkeit. Ein Tempolauf besteht aus einer einzigen Wiederholung, einer Tempoverschärfung innerhalb eines mittellangen Laufes. Er wird auch als Schwellentraining bezeichnet. Sie fangen locker an und pirschen sich über 5–10 km langsam an Ihre Schwelle (oberer Entwicklungsbereich, unterer Wettkampfbereich) heran, um dort dann noch länger zu laufen, bis die Laktatansammlung im Muskel zum Leistungsabfall führt. Dann heißt es, sich gemächlich auf den Heimweg machen.

Der Tempolauf macht auch im Gelände Spaß. Variieren Sie. Gehen Sie auf die Bahn. Laufen Sie im Wald oder auf der Straße. Laufen Sie alleine, so können Sie sich auf Ihr Tempo konzentrieren.

Der Tempolauf im Marathontraining wird knapp unter der Schwelle gelaufen (bei ca. 80–85% maxHF).

Der Tempolauf im Halbmarathontraining wird eine Idee schneller gelaufen. Sie befinden sich im Schwellenbereich (bei ca. 85–90% maxHF).

Den Tempolauf für die Vorbereitung auf einen Zehner dürfen sie kurz über der Schwelle laufen (bei ca. 90–95% maxHF).

> **Tipp**
> Hören Sie auf sich und Ihre Erfahrungen. Das Tempo sollte hart aber trotzdem angenehm sein. Schauen Sie nicht akribisch auf Ihre Uhr. Laufen Sie mit gleichem Kraftaufwand und geländeangepasst. Hasten Sie nicht die Berge rauf und kämpfen Sie nicht gegen den Wind an. Das Tempo darf variieren.

In die Berg bin i gern: Bergläufe

Bevorzugen Sie das Auf und Ab gegenüber der Eintönigkeit in der Ebene? Wenn ja, dann schlagen Sie gleich zwei Fliegen mit einer Klappe. Sie verabreichen Ihren Beinen das beste Krafttraining und Ihr Kreislauf kommt richtig auf Touren. Bauen Sie lieber ein Hügeltraining ein, bevor Sie einen Autoreifen hinter sich herziehen oder mit Gewichtsmanschetten an den Füßen laufen. Widerstandtraining in jeglicher Form ist gut, Hügeltraining ist besser.

Natürlich laufen Sie bergauf nicht so schnell wie in der Ebene. Die Zeit, die bergauf verloren geht, kann bergab nicht aufgeholt werden. Der britische Leistungsdiagnostiker Dr. Mervyn Davies fand heraus, dass jedes Prozent Steigung bergauf 0,65 km/h kostet, aber bergab nur 0,35 km/h Geschwindigkeit bringt. Leben Sie in einer hügeligen bis bergigen Gegend können Sie zwar nicht mit hohem Lauftempo trainieren, aber Sie haben einen großen Vorteil: Sie können sehr viel mehr Muskelgruppen optimal belasten als der Strandpromenadenläufer oder Muschelschubser. Nicht nur die Maximalkraft sondern auch die Kraftausdauer vor allem der vorderen Oberschenkel-, Wadenmuskulatur und des Pos wird geschult, welche das optimale Verhältnis zwischen Schrittlänge und -frequenz herausbildet. Die Aufprallkräfte sind durch die Steigung vermindert und der Stütz- und Bewegungsapparat wird gleichzeitig geschont. Nicht umsonst erholt sich die Muskulatur nach einem Bergauflauf sehr viel schneller als nach einem Lauf im flachen Gelände oder bergab.

> **Tipp**
> Für mich sind Hügel oft eine große Herausforderung an mein Durchhaltevermögen gewesen. Ich schaute immer nach oben und fragte mich: Wie lange ist es denn noch? Wenn Sie sich darauf konzentrieren wie weit Sie noch klettern müssen, kommt Ihnen der Weg ziemlich lange und anstrengend vor. Falls es Ihnen genauso geht, so visieren Sie die Hügelspitze nur kurz an und gucken danach nicht mehr hoch. Lassen Sie Ihre Gedanken wandern und denken Sie positiv. Sie werden überrascht sein wie schnell Sie oben angelangt sind.

Sie haben noch keine Erfahrungen mit Hügeltraining? Dann gehen Sie es langsam an. Und das meine ich wörtlich. Denn auch in Wettkämpfen werden manche mörderischen Anstiege gegangen. Ab einer gewissen Steigung ist es wesentlich effizienter zu gehen als zu laufen. Suchen Sie sich als Unerfahrener bitte zunächst nur leichte und kürzere Steigungen für Ihre Hügeleinheit raus. Sammeln Sie Erfahrung und dann gehen Sie auf Suche nach neuen, steileren und längeren Herausforderungen.

Und rauf geht's – mit Stil und Klasse

Wenn sie einen Hügel hoch laufen dann versuchen Sie ihn nicht mit einem Affenzahn zu erklimmen. Denn auch wenn Sie die Spitze schon sehen sind Sie noch lange nicht da. Der Hügel ist stärker und größer als Sie. Zollen Sie ihm Respekt und fallen Sie in ein moderates, vorsichtiges Tempo. Wenn Sie sich der Hügelspitze nähern, können Sie immer noch Gas geben. Aber bitte nicht so schnell, dass Sie am Gipfel kollabieren und sich Ihr Herz anfühlt wie ein wildgewordenes Tier. Das Tempo bitte so wählen, dass Sie locker weiterlaufen können.

- Halten Sie Ihre Schritte bewusst klein, denn kurze, effiziente Schritte mit einem guten Fußabdruck bringen Sie wesentlich lockerer nach oben.
- Die Schrittfrequenz können Sie mit abnehmender Schrittlänge erhöhen.
- Heben Sie Ihre Knie nur leicht und wenn es richtig steil wird, tippeln Sie mehr als dass Sie laufen.
- Unterstützen Sie mit einem starken Armeinsatz Ihre Beinarbeit. Am Berg gilt: Lieber zu viel als zu wenig Schwung aus den Armen. Und betonen Sie den Schwung nach hinten.
- Rücken gerade, so dass Schultern, Brust und Hüfte eine Linie bilden. Strecken Sie die Hüfte leicht nach vorne. So vermeiden Sie Ihren Körper zu stark nach vorne Richtung Hang zu beugen. Keine Hanglage! Wenn Sie Langläufer sind kennen Sie das. Sie beugen sich nach vorne und rutschen,

In die Berg bin i gern: Bergläufe

Bergauf über Stock und Stein laufen Sie bitte besonders leichtfüßig (mit dem Vorfuß) und mit Trippelschritten. Ihr Puls schnellt nicht in Schwindel erregende Höhen und Sie kommen ohne Stolpern am Gipfel an

weil die Ski keine Bodenhaftung mehr haben nach hinten weg. Hanglage ist fatal, denn Ihr Fußabdruck geht ins Leere.
- Ein guter Abdruck aus den Ballen bringt Sie jeden Schritt noch ein Stückchen weiter und macht Ihre Waden und Achillessehnen stark. Je steiler der Anstieg, desto mehr verlagert sich der Fußaufsatz automatisch nach vorne Richtung Fußballen.

> **Tipp**
> Wenn Sie Beschwerden mit Ihren Achillessehnen haben, dann laufen Sie öfters mal leichtfüßig (auf den Fußballen) bergauf. Die dynamische Dehnung der Achillessehne und Waden kann Wunder wirken. Aber bitte ganz locker und vorsichtig!

Bergab hilft das Gesetz der Schwerkraft
Der Gipfel ist erklommen. Bergheil! Jetzt können Sie die Aussicht genießen, aber bitte laufend. Halten Sie das Tempo bei und nehmen Sie es in den Abstieg mit hinein, falls irgend möglich. Sie haben jetzt einen Helfer an Ihrer Seite, die Schwerkraft. Trotzdem ist das Bergab sehr anstrengend, denn während Ihr Herz sich jetzt von den Strapazen bergauf erholen darf, müssen die Beine ackern. Da Ihr Körper bergab fällt sind die Aufprallkräfte sehr hoch und die Beine müssen bei jedem Schritt das mehrfache des Körpergewichtes auffangen. Hinzu kommt, dass viele Läufer bergab zu große Schritte machen und sich nach hinten zum Hang lehnen. Dadurch kommen sie mit durchgestrecktem Bein auf der Ferse auf, was eine erste Schockabsorption durch das Fuß- und Kniegelenk unmöglich macht.

Versuchen Sie weder mit großen Schritten zu bremsen noch hinunter zu stampfen. Der Muskel ist an solche Belastungen nicht gewöhnt und das spüren Sie am nächsten Tag. Sie haben steife Beine und Muskelkater.

> **Tipp**
> Wenn Sie bergab auf Ihre laufenden Beine gucken (nicht stolpern bitte) und bemerken, dass Ihre Füße nach vorne ausholen sind Ihre Schritte zu langgezogen.

An das Bergab kann sich der Muskel aber gewöhnen. Untersuchungen ergaben, dass sich die Muskelfasern an solche Belastungen erinnern können. Das Nervensystem lernt diese Aufprallimpulse besser zu verteilen und aktiviert mehr Muskelfasern, die sich der Bergabbelastung entgegenstellen. Und Sie bekommen keinen Muskelkater mehr.
Sie fühlen den richtigen Bergabstil! Es fühlt sich an wie bergabfließen. Noch ein paar Tipps fürs Bergabfließen:

- Neigen Sie sich von der Hüfte ab etwas nach vorne. Die Neigung hängt natürlich vom Gefälle ab.
- Setzen Sie mehr auf den Fußballen auf als auf den Fersen, um den Aufprall abzufedern.
- Für ein besseres Gleichgewicht im Gelände verwenden Sie Ihre Arme als Flügelchen. Nehmen Sie Ihre Ellenbogen weiter weg vom Körper.
- Ändern Sie Ihre Einstellung. Freuen Sie sich auf das Bergab, denn wenn Sie Angst haben, neigen Sie sich automatisch nach hinten, bremsen und stampfen. Und Ihre Muskeln murren.
- Wenn Sie schneller werden, heben Sie die Knie und machen Sie größere Schritte.

Bergab dürfen Sie Ihre Arme auch wie Flügelchen ausbreiten. So halten Sie speziell im Gelände Ihr Gleichgewicht besser

> **Tipp**
> Nach einem langen Lauf wird das Bergablaufen schwierig. Die Muskeln sind müde und Sie können sich auf die Technik nicht mehr konzentrieren. Jetzt dürfen Sie drei Gänge tiefer schalten und mit kleinen Schritten und gebeugten Knien laufen oder sogar gehen. Das ist keine Schande sondern zeugt von Vernunft und Körpergefühl!

Das Training

Wie gestalten Sie jetzt ein Hügeltraining? Haben Sie überhaupt Hügel in Ihrer Nähe? Wenn's bei Ihnen nur Flachland gibt und Sie kilometerweit sehen können ohne auch nur einen Erdpickel zu erblicken, dann greifen Sie auf Treppenhäuser, gewölbte Autobahnbrücken, Tribünen von Sportstadien oder Dünen zurück. Letzte und sehr effektive Möglichkeit ist ein Laufband mit einstellbarem Neigungswinkel. Ja, welche Steigung eigentlich? Als Hügelanfänger reichen 3–5% Steigung für längere Strecken über 400 m und 5–8% Steigung für kurze Strecken bis 200 m.

Achten Sie vor allem auf Ihre Erholung. Sie sollte etwa eineinhalb bis doppelt so lange dauern wie die Belastung. Das ist beim langsamen Zurücktraben sowieso gewährleistet.

Zum Anfreunden mit den Bergriesen lassen Sie es erst mal langsam angehen. Bauen Sie 2–3 Steigungen ein und testen Sie. Dann können sie langsam den Umfang erhöhen. Wenn sie sich nach 2 Monaten regelmäßigen Hügeltrainings (1 x pro Woche) gut fühlen können Sie auch mal daran denken Ihr Tempo am Hügel zu forcieren.

Sie können diese Trainingseinheit verschieden gestalten.

- Sie können einfach eine bergige Strecke mit mehreren Anstiegen oder einem langen Anstieg laufen. Versuchen auf den Anstiegen das Tempo hoch zu halten. Das ist wohl die bekannteste Trainingsform unter den Freizeitläufern. Man nennt Sie auch extensiver Berglauf. Sie sollten sich im unteren Entwicklungsbereich aufhalten.
- Bei einem Intervalltraining am Hügel laufen Sie einen Hügel hinauf und joggen (oder gehen, wenn Sie unerfahren sind) wieder hinunter. Bergablaufen ist hier zur Erholung gedacht. Sie können kurze Hügelläufe (50 m – 200 m) auch als Hügelsprints (für Erfahrene) gestalten. Sie verbessern damit Ihre anaerobe Kapazität. Lange Hügelläufe (400 m – 800 m) dienen zur Verbesserung der Kraftausdauer. Sie bewegen sich im Entwicklungs- und Wettkampfbereich.
- Hügelsprünge sind besondere Leckerlis für fortgeschrittene Läufer, die mehr Schnellkraftausdauer wollen. Am besten sucht man sich eine 1 km lange Runde, auf der man bergauf springt (eine Steigung von 4–5% reicht vollkommen aus) und die Bergabpassage locker, aber mit lan-gem Schritt trabt. Sie können so eine Runde mit zunehmendem Trainingszustand 3–7 mal durchlaufen. Auch hier können Sie im oberen Entwicklungsbereich laufen.

Was gewinnen Sie mit einem Hügeltraining?

- Durch Bergauf-Intervalle verbessern Sie Ihre Haltung.
- Berglauf ist ein verstecktes Tempotraining und vergleichbar mit einem harten Tempotraining auf der Bahn.
- Hügeltraining schenkt Ihnen kräftige Beine und schützt Sie vor Knieverletzungen und Überlastungen.
- Bergabläufe mit leichtem Gefälle gewöhnen die Beinmuskulatur an höhere Belastungen beim schnellen Laufen. Hier dürfen Sie ruhig hochfrequent laufen.
- Sie verbessern Ihre mentale Stärke durch das Überwinden von (Problem-)Hügeln entscheidend.

6
Sie sind
Ihr bester Coach

Sie laufen. Sie haben schon ein paar Volksläufe erfolgreich bestritten. Oder träumen Sie noch davon? Vielleicht denken Sie: »Nächstes Jahr wird mein Jahr. Ich bin soweit, dass ich eine ansehnliche Marathonzeit schaffe.« Sie haben Blut geleckt und überlegen: »Ich sollte ein bisschen mehr machen. Mich mehr auf's Laufen konzentrieren und die Sache ernst nehmen.« Sie kaufen sich die besten und teuersten Racer, die der Laufschuhmarkt gerade hergibt. Schuhmäßig sind Sie gerüstet. Jetzt fehlt nur noch ein Trainingsplan. Sie fragen einen Lauffreund, ob er seinen zur Verfügung stellen könnte. Denn was Ihr Bekannter kann, können Sie auch. Oder Sie holen sich einen Plan aus dem Internet. Sie machen einen Leistungstest und lassen sich einen ganz individuellen Plan erstellen, nach Ihren gemessenen Werten und nach Ihrem Zeitbudget. Kurz gesagt: Sie haben einen Trainingsplan an der Hand, den Sie mit voller Motivation angehen. Hoffentlich kommt Ihnen Ihr Chef nicht in die Quere. Wenn da nur nicht der »Störfaktor« Alltag wäre ... Und besorgen Sie sich breite Heftpflaster für die Münder Ihrer nörgelnden Kinder, die sich lautstark über Ihre »laufende« Abwesenheit beschweren. Ihr Partner oder Angetrauter wird Sie ja bestimmt bei Ihrem Vorhaben so unterstützen, wie Sie es sich erträumen, oder? Er wird Ihnen die, im Trainingsplan nicht geplante, Alltagslast mit Freude abnehmen. Er wird sich nicht beschweren, dass Sie Ihre Abende mit Ihren Laufschuhen an der frischen Luft verbringen. Und rumkränkeln passt in Ihren Trainingsplan übrigens auch nicht rein. Also bleiben Sie bitte gesund.

Dämmert es Ihnen, dass Training nach Plan nicht so einfach ist, wie Sie es sich vorgestellt haben? Wenn Sie nach Plan trainieren ist das gut. Sie haben einen roten Faden, an dem Sie sich festhalten können. Aber haben Sie das Wissen um umzuplanen, wenn der rote Faden reißt? Ich hatte dieses Know-how anfangs nicht. Ich versuchte einfach verpasste Trainingseinheiten nachzuholen, indem ich zum Beispiel meinen kostbaren Ruhetag strich. Oder auf meinem Trainingsplan stand: 150 km Radfahren/locker. Doch draußen stürmte es. Ich radelte gegen den Regen und war stolz auf mich und meine Disziplin. Am nächsten Tag hatte ich dann, bei Zwieback und Tee im Bett liegend, Zeit über meine Disziplin nachzudenken.

Ein Plan nützt Ihnen nichts, wenn Sie nicht flexibel planen können. Eignen Sie sich Wissen an, hören Sie auf Ihren Körper und geben Sie Ihre Verantwortung nicht an einen Trainer oder an ein weißes Stück Papier ab. Werden Sie Ihr eigener Coach.

Ihr Rezept

Sie müssen lediglich Streckenlängen oder Trainingszeiten und Intensitäten messen und festhalten. Am besten führen Sie ein kleines Lauftagebuch, in dem Sie gewisse Eckdaten festhalten. Es kostet Sie nicht viel Zeit und es ist spaßig in einer ruhigen Minute mal zurückzublättern und in der Laufvergangenheit zu schmökern. Sie dürfen auch gerne Ihre Verfassung festhalten und sich über Lust und Unlust äußern. Das ist zurückblickend sehr hilfreich, um Übertraining, Krankheiten oder seelische Probleme zu analysieren. Ein Trainingstagebuch hilft Ihnen, unvernünftige Trainingseinheiten aufzudecken. Denn, wenn Sie den nötigen Abstand haben, wachsen Sie an Ihren dokumentierten Erfahrungen. Mit einem gut geführten Trainingstagebuch können Sie über die Laufjahre hinweg Ihre Leistung systematisch steigern, indem Sie allmählich von Jahr zu Jahr Ihre Laufkilometer erhöhen.

Eine Woche in Ihrem Tagebuch könnte so aussehen:

Tab. 13: Auszug aus einem Lauftagebuch

Tag	km	Training	Zeit	Ruhe-puls	Belastungs-puls	Befinden
Mo	6	Dauerlauf extensiv	30 min	68	140	super gefühlt
Di	14	Dauerlauf extensiv	70 min	67	155	Puls ist hoch
Mi	10	Fahrtspiel	45 min	70	165–170	heute rollt's
Do	18	Dauerlauf extensiv	84 min	67	130	
Fr	Ruhetag					go for a swim
Sa	12	Intervall/5 x 1000 m	60 min	69	165–180	anstrengend
So	21	Fettstoffwechsellauf	110 min	72	140	schwere Beine
Wochenkilometer: 80 davon hohe Intensität: 8 km, der Rest locker						

Die Trainingseinheiten sind nicht, wie Sie vielleicht annehmen, wild zusammengewürfelt. In dieser Woche steckt System. Denn, wenn Sie einen Kuchen backen, werden Sie nicht alle Zutaten auf einmal in eine Schüssel werfen und umrühren. Nein, die Hefe muss erst mit etwas lauwarmem Wasser aufgehen, bevor Sie sie mit dem Rest des Teiges vermischen. Sie geben die süßen Rosinen zuletzt in den Teig. Und den Zucker sollten Sie auch nicht vergessen.

Sie sehen, Sie backen mit System. Der eine mit etwas mehr der andere mit etwas weniger. Aber Sie wissen was dabei herauskommt, wenn Sie sich nicht an die Mengenangaben oder Backzeiten gehalten haben? Beim Kaffeekränzchen ist die Kanne leer und der Kuchen (falls er überhaupt auf den Kaffeetisch kommt) wurde nicht angerührt. Das was Sie beim Kuchenbacken tun, sollten Sie auch bei Ihrer Lauferei anwenden, wenn Sie wollen, dass Sie schmeckt und erfolgreich ist.

Der Wochenzyklus

Innerhalb einer Woche gehen Sie als Freizeitäufer 3–4 mal auf Ihre Strecke. Sind Sie ambitioniert, werden Sie sogar 6–7 mal Ihre Laufschuhe anziehen. Sie wissen schon, dass die Variation des Trainings und der rhythmische Wechsel von Belastung und Erholung das Zaubermittel ist, das Sie beflügelt und schnell macht. Sie sollten die Läufe also so gestalten, dass nach 2 –3 Belastungstagen ein Ruhetag oder aktiver Erholungstag folgt. An so einem Tag dürfen Sie die Beine hochlegen oder im Erholungsbereich (60–70% maxHF) 30–45 min joggen. Die Fortgeschrittenen unter uns können einen lockeren Dauerlauf einlegen. Sie dürfen auch mal Ihre Schwimmbrille im Wasser ausprobieren oder eine lockere Radrunde drehen.

Sie müssen nur die Belastung deutlich zurück nehmen, um dem Körper Zeit zur Anpassung zu geben. Diese Regenerationsphase ist notwendig, da Ihr Körper jetzt die Zeit braucht, den Reiz, den Sie gesetzt haben zu verarbeiten und seine Leistungsfähigkeit zu steigern. Insbesondere Herz-, Kreislauf- und andere Organsysteme passen sich schnell an Trainingsbelastungen an.

Die Anpassung der Arbeitsmuskulatur und des Bewegungsapparates dauert jedoch länger. Darum wenden Sie Ihren Tagesrhythmus innerhalb der Woche auch auf den Monat an. Der sogenannte **Mesozyklus** besteht meist aus vier Wochen.

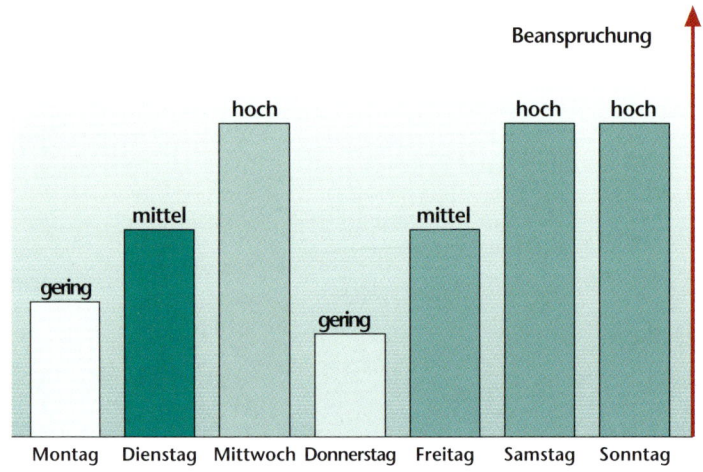

Schema für den Aufbau eines Wochentrainingszyklus

> **Tipps für die Wochengestaltung:**
> Haben Ihre Beine erst ein Jahr regelmäßigen Auslauf hinter sich, sollten Sie nicht mehr als 2 intensive Läufe in der Woche ansetzen. Als »Laufgrufti« können Sie als dritte intensive Einheit noch einen langen Lauf einplanen. Der Rest der Woche wird locker gelaufen.

Der 4-Wochenzyklus

Den Zyklus, den Sie während der Woche anwenden, übertragen Sie auf Ihre Wochen. Innerhalb dieser Zyklen müssen, wie in Ihrer Woche auch, Erholungsphasen enthalten sein. Typisch ist das Einhalten einer »lockeren Woche« nach 3 »harten Wochen«. In der lockeren Woche, sollte der Trainingsumfang, vor allem aber die Trainingsintensität reduziert werden. Manche Trainer bevorzugen auch den 3 Wochenzyklus. Den Zyklus können Sie an sich und Ihre Bedürfnisse anpassen. Das wichtigste ist die zyklische Wiederholung von Be- und Entlastungswochen.

> **Tipp**
> Am Ende einer Ruhewoche können Sie mal einen Wettkampf laufen.

Das Trainingsjahr in Etappen

Was Sie in jedem 4-Wochenzyklus trainieren, hängt von Ihren Wettkampfterminen ab. Als erfahrener, eingefleischter Läufer werden Sie wahrscheinlich sowohl im Frühjahr als auch im Herbst Wettkämpfe bestreiten. Als hoffnungsvoller Laufkandidat lassen Sie es vielleicht langsamer angehen und planen nur einen größeren Event im Jahr. Wir sprechen dann entweder von einer zweifachen oder einer einfachen Periodisierung.
- zweifache Periodisierung: zweimaliges Erreichen der Höchstform während des Trainingsjahres
- einfache Periodisierung: einmaliges Erreichen der Höchstform während des Trainingsjahres

Das Jahr oder die aufgeteilten Hälften des Jahres nennt man im Fachjargon auch Makrozyklen. Ein Makrozyklus besteht aus 4 Etappen oder Perioden, in welchen Sie langsam zum Gipfel Ihrer Leistungsfähigkeit aufsteigen. Diese Etappen bestehen wiederum aus den 4-Wochenzyklen (Mesozyklen) und diese aus Tagen (Mikrozyklen).
Diese Zyklisierung ist wichtig, denn Sie bringt Rhythmus und System in Ihr Training.

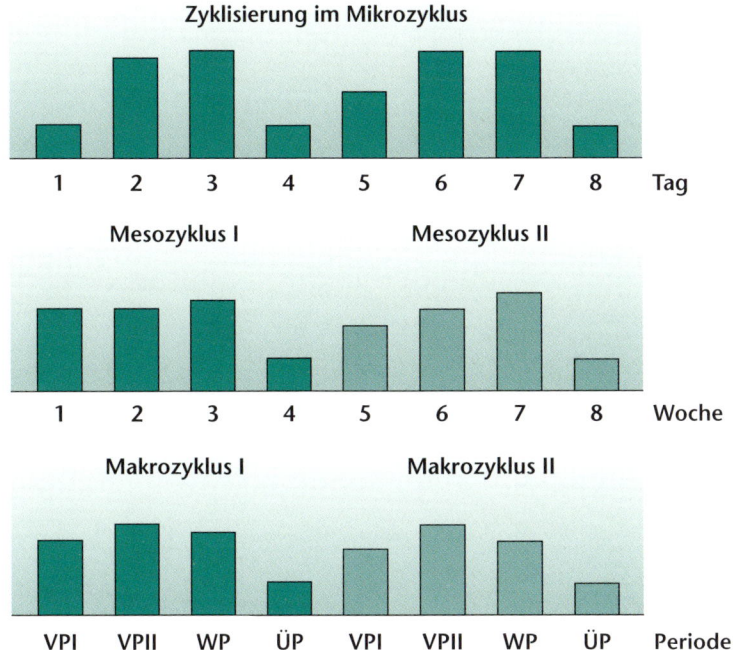

Darstellung der zyklischen Gestaltung des Trainings im Mikro-, Meso- und Makrozyklen bei einem 2:1 und 3:1 Rhythmus von Belastung und Erholung im Mikrozyklus

Durch die Zyklisierung steigen Sie spiralenförmig nach oben zu Ihrer Topform.
Die Perioden, die Sie bei einer langfristigen Trainingsplanung durchlaufen:

1. Vorbereitungsperiode I: Sie Schaffen die allgemeine Grundlage

In dieser Zeit trainieren Sie mit lockeren und langen Läufen Ihren aeroben Stoffwechsel. Allmählich steigern Sie die Umfänge Ihres Lauftrainings über die Wochen. Sie dürfen mit Kraftausdauertraining Ihre Muskeln auf Vordermann bringen.
Renntempo oder Intervall-Läufe schleichen sich erst im letzten Viertel dieser Etappe ein. Die Vorbereitungsperiode I dauert ca. 4–5 Monate, bei einer zweifachen Periodisierung ca. 2–3 Monate.

2. Vorbereitungsperiode II: Sie steigern die Intensität Ihres Trainings

In dieser Periode dürfen Sie den Umfang noch mal steigern, aber bitte vorsichtig. Und die Handbremse können Sie jetzt auch rausnehmen, denn Intervall-Läufe und Tempoläufe kommen auf den Tisch. Sie gewöhnen sich in dieser Zeit an ein hohes Tempo, aber bitte pusten Sie jetzt noch nicht alle Energie raus, die Sie haben. Maximales Tempo ist nur selten angesagt.
Im letzten Viertel der Vorbereitungsperiode II gilt es die Trainingskilometer zu reduzieren und noch einen Gang hoch zu schalten. Sie machen jetzt das Feintuning, Sie verschärfen Ihre Geschwindigkeit. Sie können kürzere Kontrollwettkämpfe, Tempoläufe und Wiederholungsläufe in Ihr Training einstreuen. Aber bei allem Übermut, haben Sie vor allem Mut zu viel Erholung. Und geben Sie noch keine 100%. Für diese Periode lassen Sie 3–4 Monate Zeit, bei einer zweifachen Periodisierung ca. 1,5–2 Monate.

3. Wettkampfperiode: Ihr heiß ersehnter Wettkampf

Die Wettkampfetappe dauert ca.1–2 Monate, bei einer zweifachen Periodisierung nur 1 Monat.

Wenn Sie alles richtig gemacht haben, fühlen Sie sich jetzt bombig und reif für den Wettkampf. Sie müssen trotzdem vorsichtig sein. Ihre Form halten und den Stress der Wettkämpfe/des Wettkampfes verarbeiten, ist oft ein Spiel mit dem Feuer.
Und zu 100% Power gehört auch mal faulenzen pur.

4. Übergangsperiode: Ihre wohlverdiente Laufpause
Jetzt können Sie 1–2 Monate ausspannen. Gucken Sie doch, welche Sportarten Ihnen noch Spaß machen. Holen Sie sich viel Erholung und Motivation aus anderen Lebensbereichen. Und übrigens ist es ganz normal, dass Sie sich ernsthafte Gedanken machen, ob Sie mit der blöden Lauferei aufhören. Sie sind ausgepowert und müde von den Wettkämpfen. Aber verlassen Sie sich darauf. Spätestens nach ein paar Wochen kitzelt es unerträglich in den Zehen und Sie sind wieder mit frischem Elan und vielen Plänen für nächstes Jahr dabei.

Zutaten, die Sie für Ihre Trainingsrezepte kennen sollten

Ich fange noch mal ganz unten an, bei dem lockeren Lauf im Wald, bei den Intervallen oder Wiederholungsläufen auf der Bahn. Jede Trainingseinheit lässt sich aufschlüsseln in kleine Einzelteile. Diese Einzelteile nennt man im Fachjargon »Belastungsnormativen«. Mithilfe dieser Einzelteile lässt sich die Belastung eines langen Dauerlaufes ebenso präzise ausdrücken wie ein Intervalllauf (z. B. 10 x 400 mit 1:30 min Trabpause) oder ein Tempolauf bei einer Trainingsintensität von 85% der maxHF. Ihr Training lässt sich somit in eine rein formale Sprache übersetzen, die die Planung und Dokumentation wesentlich vereinfacht.

Folgende Belastungsnormativen gibt es:

Belastungsumfang
Ist die Summe der zurückgelegten Kilometer pro Trainingseinheit oder -zyklus.
Bei einem Intervalltraining werden z. B. die Wiederholungen zusammengerechnet. Und

Tab.14a: Die Aufteilung der Perioden auf das Trainingsjahr könnte bei einer zweifach Periodisierung so aussehen

Monat	Dez	Jan	Feb	Mär	Apr	Mai	Jun	Jul	Aug	Sep	Okt	Nov
Periode		VPI			VPII	WP	ÜP		VPII		WP	ÜP

Tab. 14b: Aufteilung der Trainingsbereiche auf die Perioden

Periode	VPI	VPII	WP	UP	VPII	WP	UP
	Trainingsbereiche in %						
Erholungsbereich	10	10	25	50	15	20	50
Stabilisationsbereich	70	65	50	50	60	50	50
Entwicklungsbereich	15	15	10	–	15	10	–
Wettkampfbereich	5	10	15	–	10	20	–
Krafttraining	X	X	–	X	–	–	–

Mit einem Lächeln auf den Lippen klappt alles besser – Spaß und Motivation stehen im Vordergrund.

die in den Trabpausen zurückgelegten Kilometer dürfen mitsamt den Ein- und Auslaufkilometern natürlich auch nicht vergessen werden.

Belastungsintensität
Ist die Geschwindigkeit und die dazugehörige Anstrengung, bei der Sie laufen. Sie messen sie als Herzfrequenz, Laktatkonzentration oder Geschwindigkeit.
Die Intensität, die Sie durch Ihre verschiedenen Trainingsbereiche steuern, verhält sich immer gegenläufig zum Trainingsumfang, bzw. Belastungsumfang. Je länger, je mehr Sie laufen, desto niedriger wird Ihr Tempo und umgekehrt.

Belastungsdauer
Ist die Zeit (sec, min, h) der Einwirkung einer Belastung.

Belastungsdichte
Gibt Auskunft über das Verhältnis von Belastung und Entlastung. Eine dichte Belastungsfolge ist zum Beispiel ein mehrmaliges Training am Tag oder ein Wiederholungslauf, in dem Belastungen mit Pausen aneinandergereiht werden. Ist die Belas-

tungsdichte hoch, werden Sie nicht so intensiv trainieren. Ist sie hingegen niedrig, können Sie Gas geben.

Trainingshäufigkeit
Ist die Anzahl der Trainingseinheiten, die Sie pro Trainingszyklus machen (z. B. 6 Trainingseinheiten pro Woche).

Die Trainingseinheit

Ihre Trainingseinheit besteht aus drei wichtigen Teilen. Das Warm up, den Hauptteil und das Cool down. Jeder Part ist wichtig. Das wissen Sie. Und das weiß ich auch. Nur halten wir es oft nicht so recht ein. »Die Zeit drängt. Abkühlen kann ich auch unter der kalten Dusche.« »Das Dehnen macht mich auch nicht schneller.« »Einlaufen kann ich mir nicht leisten, wenn ich nur noch die Hinterteile der anderen sehe.« Diese Gedanken kenne ich allzu gut. Doch das Herzstück Ihres Trainings kann nur dann wirken, wenn Sie es in ein leichtes Davor und ein angenehmes Danach einbetten.

Die Vorspeise: Warm up
Unter die Bettdecke schlüpfen, die ersten Sonnenstrahlen genießen oder vor dem Kaminfeuer sitzen. Das verbinden Sie mit wohliger Wärme, die Ihren Körper durchfließt. Das ist herrlich, aber Ihr warmes Blut fließt an Ihren Muskeln vorbei. Die Adern, die zu Ihren Muskeln führen, sind größtenteils verschlossen, abgedreht wie der Wasserhahn im Badezimmer. Sie denken Sie sind aufgewärmt, doch die Muskeln merken nichts davon. Den Wasserhahn öffnen Sie nur, wenn Sie Ihre Muskeln in Gang setzten. Deswegen bitte 5–10 min aufwärmen. Sonst erschrecken Ihre Muskeln, bekommen keinen Sauerstoff, verkürzen, verkrampfen, werden gezerrt oder reißen. Sie können sich viele Zipperleins ersparen, wenn Sie Ihrem Körper Zeit geben sich an den erhöhten Gang, den Sie einlegen wollen, zu gewöhnen.
Sie sollten locker und mit tiefer Atmung laufen, den Alltag und die bösen Gedanken abschütteln. Diese Zeit gehört jetzt Ihnen. Genießen Sie Ihren Freiraum.
Was passiert wenn Sie sich und Ihre Muskeln aufwärmen?

- Temperaturerhöhung von 37 Grad auf Arbeitstemperatur 38,5 Grad
- Bessere Arbeit der Enzymsysteme
- pro 1 Grad Temperaturanstieg um 13 %
- Blutumverteilung aus dem Magen-Darm-Trakt, Leber, Milz
- Durchblutungssteigerung um das 6-fache in der Muskulatur
- Öffnen und Weitstellung der Kapillaren
- Erhöhung der Blutflussgeschwindigkeit
- Verbesserte Wahrnehmung und Reizweiterleitung
- Tonisierung der Muskulatur
- Erhöhter Gelenkstoffwechsel
- Konzentration auf die Bewegung und Vergessen des Alltagsstress

> **Tipp**
> Übrigens wenn Sie ganz locker im 1. Gang laufen machen Sie sich Appetit auf mehr. Warum? Sie schütten vermehrt den Glücksbotenstoff Serotonin aus. Also nehmen Sie die Sache mit dem »locker Einlaufen« ernst.

Nach den ersten lockeren Laufminuten dehnen Sie Ihre Muskeln. Jetzt sind sie gut durchblutet und vorbereitet auf das, was da auch immer kommt.
Beim Aufwärmen müssen Sie die Muskeln übrigens nur kurz (5–10 sec) andehnen. So bekommen Sie eine erhöhte Spannung, die fürs Laufen notwendig ist. Oder Sie bauen ein paar lockere Übungen aus dem Lauf-ABC in Ihr Aufwärmprogramm mit ein. Denn Sie dehnen Ihre Muskeln nicht nur aktiv, sondern Sie stärken sie, verpassen ihnen eine

Prise Schnelligkeit und Koordination. Das Lauf-ABC ist ein Tausendsassa.

Ihre Hauptmahlzeit
Stellen Sie sich vor Sie müssten jeden Tag 2 Apfeltaschen essen. Die erste Woche sind Sie glücklich. Ihnen schmeckt es. Doch dann wird's langsam langweilig. Der Blätterteig schmeckt irgendwie pappig und die Äpfel sind zu süß. Irgendwann darf man Ihnen gegenüber das Wort Apfeltaschen nicht mal mehr erwähnen, ohne das Sie eine leichte Übelkeit befällt.
Und wie wär's, wenn Sie sich dann etwas Abwechslung gönnen? Mal einen knackigen Salat, mal einen schönen Fisch auf dem Teller oder einen guten Obstquark? So ist das auch mit Ihrer Lauferei. Variation ist das Zauberwort, das jeden Tag aufs Neue Appetit macht. Sie haben Ihre Pulsbereiche (Erholungs-, Stabilisations- und Entwicklungs- und Wettkampfbereich) und können Sie voll ausnutzen, mit ihnen spielen. Aber spielen Sie mit Gefühl. Und vergessen Sie die besonders schmackhaften Temporezepte nicht, die würzen Ihr Läuferleben besonders scharf und machen bei richtiger Dosierung Lust auf mehr.

Das Dessert: Cool down
Wenn Sie Ihre Hauptmahlzeit beendet haben, vergessen Sie das Dessert nicht. Hängen Sie 5 min lockeres Auslaufen dran. So kommen Sie wieder zur Ruhe.
Und erholen Sie sich aktiv mit Ihren Dehnübungen. Jetzt dürfen Sie die warmen und durch das Training kurz gewordenen Muskeln lang dehnen.

Auch wenn Sie ungeduldig in den Startlöchern stehen, geben Sie Ihrem Körper Zeit zum warm werden!

Machen Sie zumindest Ihr Minimalprogramm durch. Hauptsache Sie dehnen einmal pro Lauf. Welche Muskeln?
Als Läufer wissen Sie welche Muskeln zu pflegen sind. Das Minimalprogramm besteht aus 6 typischen Übungen, die Ihnen schon längst in Fleisch und Blut übergegangen sein müssten.

- Oberschenkelvorderseite
- Oberschenkelrückseite
- Oberschenkelinnenseite
- Langer Wadenmuskel
- Kurzer Wadenmuskel
- Hüftbeuger

Für die nähere Beschreibung der Dehnübungen schauen Sie bitte auf Seite 98 unter »Klug dehnen und schneller werden« nach.
Was passiert beim Cool down?

- Schneller Abbau der Abfallprodukte des Muskelstoffwechsels
- Beschleunigung der Erholung
- Normalisierung der Herz-Kreislaufregulation
- Wiederherstellung des Säure-Basen-Gleichgewichtes
- Normalisierung der Thermoregulation
- Auffüllung der schnellen Energiespeicher im Muskel

Bei längeren Läufen verlangt der Körper auch zwischendurch nach zusätzlicher Energie.

7 Der Lebenslauf – genau geplant

In diesem Kapitel finden Sie Anleitungen, wie Sie mit Ihren Trainingsbereichen und -methoden jonglieren können. Sie können sich eine grobe Trainingsplanung zusammenstellen. Sie bekommen für jede Wettkampfstrecke ein paar Grundregeln an die Hand.

Sie werden in diesem Kapitel auch Trainingspläne für die verschiedenen Wettkampfstrecken finden. Die Pläne gehen über ein halbes Jahr und dienen zur groben Orientierung. Sie geben Ihnen eine Vorstellung von einem Trainingsaufbau. In diesen Plänen sind die Trainingsmethoden für die verschiedenen Wettkampfstrecken zusammen gestellt. In welchen Herzfrequenzbereichen Sie genau trainieren, können Sie der folgenden Tabelle entnehmen.

Bitte nicht vergessen:
- Bauen Sie in Ihre lockeren Läufe ab und an (1 mal pro Woche) 4–5 Steigerungen ein.
- Das Aufwärmprogramm versüßen Sie mit dem Lauf-ABC ca. 2 mal pro Woche.
- Die Zeitangaben für die Tempoläufe sind ohne Auf- und Abwärmzeit angegeben.
- Bei allen intensiven Trainingseinheiten gut und lange warm machen!

Welche Zeit Sie auf Ihrer Wettkampfstrecke ungefähr erwarten dürfen, können Sie aus folgender Tabelle ersehen. Dazu ist eine Wettkampfzeit aus einem Zehner oder Halbmarathon erforderlich.

Natürlich ist Ihre ausgerechnete Wettkampfzeit nur reine Theorie und von Ihrem zukünftigen Training und Ihrem Alter abhängig. Sehen Sie die Zeit, die Sie sich aus folgender Tabelle errechnen können nur als groben Richtwert an.

Sie können auch während des Wettkampfes genau kontrollieren, ob Sie in Ihrer erwünschten Zeit laufen.

Ich bin schon ein paar Läufern begegnet, die sich Ihre Tempotabelle auf den Unterarm gezeichnet haben. Sie sahen bei jedem Kilometer genau, ob Sie der Zeit hinterherhinkten oder sich gerade ein »Zeitpolster« herausliefen. Ich halte davon wenig, denn ehe man sich versieht zählen nur noch Zahlen und Zeiten. Das Körpergefühl rückt in den Hintergrund und Sie werden zu schnell. Das kann Ihnen Kopf und Kragen kosten. Aber schreiben Sie lieber die Zwischenzeiten für Ihren Wettkampf auf Ihren Unterarm, als die Namen Ihrer Widersacher

Erholungsbereich	
60 – 65% HFmax	65 – 70% HFmax
Regenerationslauf	Alternativtraining
	Fettstoffwechsellauf > 90min
Stabilisationsbereich	
70 – 75% Hfmax	75 - 80% Hfmax
Dauerlauf (extensiv) 60 - 120min	Dauerlauf (extensiv) 40 - 60min
Fettstoffwechsellauf < 90 min	Dauerlauf (intensiv) 80 - 120min
	Marathonkontroll-Lauf 30km
Entwicklungsbereich	
80 – 85% Hfmax	85 –90% Hfmax
Dauerlauf (intensiv) 40 - 80min	Tempolauf > 20min
Intervalle(extensiv)	Intervalle (intensiv) 1000 - 3000m
Fahrtspiel (extensiv)	Fahrtspiel (intensiv)
Berglauf (extensiv)	Berglauf (intensiv)
Wettkampfbereich	
90 - 95% Hfmax	95 –100% Hfmax
Tempolauf < 20min	Intervalle (intensiv) 200 - 400m
Intervalle (intensiv) 400 - 1000m	Wiederholungslauf 600 - 1000m
Bergintervalle	
Fahrtspiel (intensiv)	
Wiederholungslauf 1000- 3000m	

Tab. 15: Sie lesen aus dieser Übersicht, welche Trainingsmethoden Sie in welchen Herzfrequenzbereichen anwenden. Diese Tabelle verwenden Sie zusammen mit den aufgeführten Trainingsplänen.

Tab. 16: Die Halbmarathonzeit errechnet sich aus der 10-km-Zeit x 2,222. Die Marathonzeit errechnet sich aus der 10-km-Zeit x 4,666

gelaufene 10-km-Zeit in min	1-km-Zeit in min	5-km-Zeit in min in min	Halbmarathonzeit	Marathonzeit in Stunden
30	3:00	15:00	1:07	2:20
31	3:06	15:30	1:09	2:25
32	3:12	16:00	1:11	2:30
33	3:18	16:30	1:14	2:35
34	3:24	17:00	1:16	2:39
35	3:30	17:30	1:18	2:43
36	3:36	18:00	1:20	2:48
37	3:42	18:30	1:22	2:53
38	3:48	19:00	1:24	2:57
39	3:54	19:30	1:27	3:02
40	4:00	20:00	1:29	3:07
41	4:06	20:30	1:31	3:11
42	4:12	21:00	1:33	3:16
43	4:18	21:30	1:36	3:21
44	4:24	22:00	1:38	3:25
45	4:30	22:30	1:40	3:30
46	4:36	23:00	1:42	3:35
47	4:42	23:30	1:44	3:39
48	4:48	24:00	1:47	3:44
49	4:54	24:30	1:49	3:49
50	5:00	25:00	1:51	3:53
51	5:06	25:30	1:53	3:58
52	5:12	26:00	1:56	4:03
53	5:18	26:30	1:58	4:07
54	5:24	27:00	2:00	4:12
55	5:30	27:30	2:02	4:17
56	5:36	28:00	2:04	4:21
57	5:42	28:30	2:07	4:26
58	5:48	29:00	2:09	4:31
59	5:54	29:30	2:11	4:36
60	6:00	30:00	2:13	4:40

in derselben Altersklasse. Denn das ist Kampf und Stress pur ... und vergessen Sie nicht einen wasserfesten Stift zu verwenden.

Übrigens wird es Ihnen schwer fallen einen Wettkampf ganz gleichmäßig durchzulaufen. Wenn Sie es vorsichtig angehen lassen, können Sie nach hinten raus immer noch schneller werden. Das ist meist die bessere Taktik, als in der Hälfte des Wettkampfs zu erkennen, dass Sie die Kilometerzeiten zwar eingehalten haben, aber der Ofen jetzt vollkommen aus ist.

Hier Ihre Marschtabellen für den Zehner, den Halben und den Marathon:

Der Zehner

Diese Strecke konnte ich schon nach einem Monat regelmäßigem Laufen durchhalten. Die Zeit war zwar nicht berühmt, aber ich war ziemlich stolz auf mich. Dieses Ziel hatte ich also erreicht. Ab diesem Tag versuchte ich meine Standardrunde, wenn ich mich gut fühlte, einfach schneller zu laufen und meine Zeiten zu unterbieten. Ich wusste es nicht besser. Und vom Prinzip her machte ich es auch richtig. Denn der Zehner ist eine Mixtur von Tempo- und Ausdauerbelastung. 10-km-Läufer laufen im Wettkampf kurz über ihrer anaeroben Schwelle.

Tab. 17: Marschtabelle 10 km

	55	50	46	44	42	40	38	36	34	32	30	29
1 km	5:30	5:00	4:36	4:24	4:12	4:00	3:48	3:36	3:24	3:12	3:00	2:54
2 km	11:00	10:00	9:12	8:48	8:24	8:00	7:36	7:12	6:48	6:24	6:00	5:48
3 km	16:30	15:00	13:48	13:12	12:36	12:00	11:24	10:48	10:12	9:36	9:00	8:42
4 km	22:00	20:00	18:24	17:36	16:48	16:00	15:12	14:24	13:36	12:48	12:00	11:36
5 km	27:30	25:00	23:00	22:00	21:00	20:00	19:00	18:00	17:00	16:00	15:00	14:30
6 km	33:00	30:00	27:36	26:24	25:12	24:00	22:48	21:36	20:24	19:12	18:00	17:24
7 km	38:30	35:00	32:12	30:48	29:24	28:00	26:36	25:12	23:48	22:24	21:00	20:18
8 km	44:00	40:00	36:48	35:12	33:36	32:00	30:24	28:48	27:12	25:36	24:00	23:12
9 km	49:30	45:00	41:24	39:36	37:48	36:00	34:12	32:24	30:36	28:48	27:00	26:06
10 km	55:00	50:00	46:00	44:00	42:00	40:00	38:00	36:00	34:00	32:00	30:00	29:00

Tab. 18: Marschtabelle halber Marathon

	1:50	1:45	1:40	1:35	1:30	1:25	1:20	1:15	1:10	1:08	1:06	1:04
1 km	5:12	4:58	4:44	4:30	4:15	4:02	3:47	3:33	3:19	3:13	3:07	3:02
5 km	26:00	24:50	23:40	22:30	21:15	20:10	18:55	17:45	16:35	16:05	15:35	15:10
10 km	52:00	49:40	47:20	45:00	42:30	40:20	37:50	35:30	33:10	32:10	31:10	30:20
25 km	1:18:00	1:14:30	1:11:00	1:07:30	1:03:45	1:00:30	56:45	53:15	49:45	48:15	46:45	45:30
30 km	1:44:00	1:39:20	1:34:40	1:30:00	1:25:00	1:20:40	1:15:40	1:11:00	1:06:20	1:04:20	1:02:20	1:00:40
1/2 Mar.	1:49:42	1:44:47	1:39:52	1:34:56	1:29:40	1:25:00	1:19:49	1:14:54	1:09:58	1:07:52	1:05:45	1:04:00

Tab. 19: Marschtabelle Marathon

	4:00	3:45	3:30	3:15	3:00	2:50	2:40	2:35	2:30	2:25	2:20	2:15
1 km	5:41	5:20	4:58	4:37	4:15	4:02	3:47	3:40	3:33	3:26	3:19	3:12
5 km	28:25	26:40	24:50	23:05	21:15	20:10	18:55	18:20	17:45	17:10	16:35	16:00
10 km	56:50	53:20	49:40	46:10	42:30	40:20	37:50	36:40	35:30	34:20	33:10	32:00
15 km	1:25:20	1:20:00	1:14:30	1:09:15	1:03:45	1:00:30	56:45	55:00	53:15	51:30	49:45	48:00
20 km	1:53:40	1:46:40	1:39:20	1:32:20	1:25:00	1:20:40	1:15:40	1:13:20	1:11:00	1:08:40	1:06:20	1:04:00
25 km	2:22:05	2:13:20	2:04:20	1:55:25	1:46:15	1:40:50	1:34:35	1:31:40	1:28:45	1:25:50	1:22:55	1:20:00
30 km	2:50:30	2:40:00	2:29:00	2:18:30	2:07:30	2:01:00	1:53:30	1:50:00	1:46:30	1:43:00	1:39:30	1:36:00
35 km	3:18:55	3:06:40	2:53:50	2:41:35	2:28:45	2:21:10	2:12:25	2:08:20	2:04:15	2:00:10	1:56:05	1:52:00
40 km	3:47:20	3:33:20	3:18:40	3:04:40	2:50:00	2:41:20	2:31:20	2:26:40	2:22:00	2:17:20	2:12:40	2:08:00
42,195 km	3:59:48	3:45:02	3:29:34	3:14:48	2:59:20	2:50:01	2:39:38	2:34:38	2:29:48	2:24:52	2:19:57	2:15:01

Bei Laktatwerten von ca. 4–7 mmol Laktat im Blut.
Wenn Sie sich diese Strecke als Wettkampf ideal einteilen, würden Sie stark übersäuert und dennoch mit hohem Tempo ins Ziel kommen.

Die Meilensteine

Die Meilensteine, die Sie für Ihren 10-km-Lauf unbedingt passieren sollten, sind folgende:

- Bauen Sie regelmäßige Tempospritzen mit einmal pro Woche Intervalltraining oder Tempoläufen ein.
- Laufen Sie intensive Intervalle über der anaeroben Schwelle. Trainieren Sie dabei auf der Bahn. Nur so lernen Sie während der Belastung das Laktat zu tolerieren und teilweise abzubauen. Durch Bahntraining entwickeln Sie Tempogefühl und -härte.
- Ein Langer Dauerlauf (bis zu 100 min) am Wochenende ist zur Ausbildung Ihrer Grundlagenausdauer notwendig. Längere Strecken müssen nicht sein, denn Sie büßen mit langen Läufen an Spritzigkeit ein, die Sie für diese kurze Distanz brauchen.

Sind Sie jedoch schon ein erfahrener Läufer, darf es ab und an auch ein bisschen mehr sein.
- Ein Meilenstein in Ihrem Trainingsprogramm kann auch ein 5- oder 10-km-Testwettkampf oder ein Tempolauf über diese Strecke sein.
- Mindestens ein bis zwei Tage Pause dürfen Sie sich pro Woche gönnen.
- Alternativtraining, wie Radfahren, Skaten oder Schwimmen, ist in dieser Zeit erlaubt. Aber bitte locker.

Der geplante Zehner

Sie wollen sich vorbereiten und laufen ca. 50 km pro Woche? Denn Sie haben ja noch andere Dinge nebenher zu erledigen. Immerhin gehen Sie ca. 4 bis 5 mal pro Woche auf Ihre Laufstrecke. Ihre Planung könnte dann wie Plan A aussehen.
Sie wollen Ihre Zeit auf 10 km verbessern und laufen schon 3 Jahre einigermaßen regelmäßig? Sie haben auch Zeit, die Sie in Ihre Lauferei investieren wollen? Sie wollen ca. 80km mit ca. 6 Trainingseinheiten pro Woche laufen? Dann nehmen Sie sich Plan B vor.

Vorbereitungsperiode I:

Woche	Montag	Dienstag	Mittwoch	Donnerstag
1		extensiver DA 60min		extensiver DA 50min
2		extensiver DA 60min		extensives Fahrtspiel 60min
3		intensiver DA 50min		extensives Fahrtspiel 70min
4	Alternativtraining 30min	Erholungslauf 30min		extensives Fahrtspiel 50min
5	Alternativtraining 60min	extensives Fahrtspiel 60min		extensiver Berglauf 60min
6	Alternativtraining 60min	intensives Fahrtspiel 60min		extensiver Berglauf 75min
7	Alternativtraining 60min	3 x 2000m extensive Intervalle		extensiver Berglauf 75min
8		extensiver Berglauf 60min		extensiver DA 60min
9	Erholungslauf 40min	intensives Fahrtspiel 50min		Bergintervalle 4 x 2min
10	extensiver DA 50min	intensives Fahrtspiel 60min		Bergintervalle 6 x 2min
11	Erholungslauf 30min	4 x 1000m intensive Intervalle		extensiver Berglauf 60min
12	Erholungslauf 40min			4 x 1000m extensive Intervalle

Vorbereitungsperiode II:

Woche	Montag	Dienstag	Mittwoch	Donnerstag
1	Erholungslauf 40min	Alternativtraining 60min	extensiver DA 60min	
2	Erholungslauf 40min	4 x 200m intensive Intervalle	extensiver DA 50min	3 x 1000m Wiederholungsläufe
3	Alternativtraining 40min	extensiver DA 50min	6 x 800m extensive Intervalle	
4	Alternativtraining 60min	extensiver DA 50min	extensives Fahrtspiel 70min	
5	Alternativtraining 60min	6 x 400m intensive Intervalle	Tempolauf 50 min	
6	Alternativtraining 60min	extensiver DA 45min	6 x 1000m extensive Intervalle	

Wettkampfperiode:

Woche	Montag	Dienstag	Mittwoch	Donnerstag
1		extensiver DA 60min	5 x 1000m Wiederholungsläufe	
2		extensiver DA 50min	4 x 1000m intensive Intervalle	
3	Erholungslauf 40min		extensives Fahrtspiel 60min	
4		extensives Fahrtspiel 45min	5 x 300m intensive Intervalle	
5	Erholungslauf 40min		5 x 200m intensive Intervalle	
6	Erholungslauf 40min	Erholungslauf 30min	extensives Fahrtspiel 45min	

Übergangsperiode:

Woche	Montag	Dienstag	Mittwoch	Donnerstag
1	Alternativtraining 40min		Erholungslauf 40min	
2	Alternativtraining 40min	Alternativtraining 60min		extensiver DA 50min
3	Alternativtraining 40min		extensiver DA 60min	

Freitag	Samstag	Sonntag	Umfang
	extensives Fahrtspiel 50min	Fettstoffwechsel-Lauf 75min	ca. 45km
	intensives Fahrtspiel 40min	Fettstoffwechsel-Lauf 90min	ca. 50km
	extensiver DA 60min	extensiver DA 90min	ca. 55km
	extensiver DA 40min	extensiver DA 60min	ca. 35km
	extensiver DA 60min	Fettstoffwechsel-Lauf 75min	ca 50km
	extensiver DA 50min	Fettstoffwechsel-Lauf 80min	ca. 55km
	extensiver DA 50min	Fettstoffwechsel-Lauf 100min	ca. 60km
	Tempolauf 20 min	Alternativtraining 60min	ca. 35km
	Fettstoffwechsel-Lauf 100min	Alternativtraining 60min	ca. 50km
	extensiver DA 70min	Tempolauf 30 min	ca. 60km
	extensives Fahrtspiel 50min	Fettstoffwechsel-Lauf 100min	ca. 60km
	Erholungslauf 40min	Wettkampf über 3 - 5km	ca 40km

Freitag	Samstag	Sonntag	Umfang
extensiver DA 60min	Tempolauf 30 min	Fettstoffwechsel-Lauf 95min	ca. 65km
	extensives Fahrtspiel 60min	Fettstoffwechsel-Lauf 95min	ca. 70km
	Erholungslauf 40min	Wettkampf über 3 - 5km	ca. 40km
extensiver DA 75min	intensives Fahrtspiel 50min	Fettstoffwechsel-Lauf 100min	ca. 70km
extensiver DA 75min	intensives Fahrtspiel 60min	Fettstoffwechsel-Lauf 105min	ca. 75km
Erholungslauf 40min	extensiver DA 50min	Fettstoffwechsel-Lauf 100min	ca. 50km

Freitag	Samstag	Sonntag	Umfang
extensives Fahrtspiel 70min	8 x 400m intensive Intervalle	extensiver DA 70min	ca. 65km
Erholungslauf 40min	Erholungslauf 30min	Wettkampf über 10km	ca.50km
Tempolauf 40 min	extensiver DA 50min	extensiver DA 80min	ca.60km
Erholungslauf 40min	Erholungslauf 30min	Wettkampf über 5-10km	ca. 45km
Erholungslauf 40min	Erholungslauf 30min	Wettkampf über 5km	ca. 45km
Erholungslauf 40min	Erholungslauf 30min	Wettkampf über 10km	ca. 45km

Freitag	Samstag	Sonntag	Umfang
Erholungslauf 40min		Alternativtraining 60min	ca. 15km
Erholungslauf 40min		Alternativtraining 60min	ca.15km
extensives Fahrtspiel 60min	Alternativtraining 60min	Alternativtraining 60min	ca.20km

Tab. 20: Der Zehner für Entspannte (Plan A)

Der Lebenslauf – genau geplant

Vorbereitungsperiode I:

Woche	Montag	Dienstag	Mittwoch	Donnerstag	Freitag
1	extensiver DA 60min	extensiver DA 40min		extensives Fahrtspiel 60min	
2	Erholungslauf 40min	extensiver DA 60min	extensiver DA 75min	extensives Fahrtspiel 60min	
3	extensiver DA 60min	intensiver DA 40min	extensiver DA 70min	extensives Fahrtspiel 60min	
4		Erholungslauf 30min	extensiver DA 60min	extensives Fahrtspiel 60min	
5	extensiver DA 90min	extensiver Berglauf 60min	Erholungslauf 40min	extensives Fahrtspiel 60min	
6	Erholungslauf 40min	extensiver Berglauf 75min	extensiver DA 70min	intensives Fahrtspiel 60min	
7	Erholungslauf 40min	extensiver Berglauf 75min	extensiver DA 90min	4 x 2000m extensive Intervalle	
8		extensiver DA 60min	extensiver Berglauf 60min	Alternativtraining 40min	
9	Erholungslauf 40min	intensives Fahrtspiel 60min	extensiver DA 80min	Bergintervalle 4 x 2min	
10	Erholungslauf 40min	intensives Fahrtspiel 60min	extensiver DA 120min	Bergintervalle 6 x 2min	
11	Erholungslauf 30min	6 x 1000m intensive Intervalle	extensiver DA 100min	Bergintervalle 5 x 3min	
12	Erholungslauf 40min	Erholungslauf 30min	extensiver DA 60min	4 x 1000m extensive Intervalle	

Vorbereitungsperiode II:

Woche	Montag	Dienstag	Mittwoch	Donnerstag	Freitag
1	Erholungslauf 40min	extensiver DA 80min	extensives Fahrtspiel 80min		extensiver DA 80min
2	Erholungslauf 40min	6 x 400m intensive Intervalle	extensiver DA 60min	4 x 1000m Wiederholungsläufe	extensiver DA 80min
3	Alternativtraining 40min	extensiver DA 60min	8 x 1000m extensive Intervalle		extensiver DA 60min
4	Alternativtraining 60min	extensiver DA 70min	extensives Fahrtspiel 70min	4 x 2000m Wiederholungsläufe	extensiver DA 60min
5	Erholungslauf 40min	8 x 400m intensive Intervalle	Tempolauf 60 min	Erholungslauf 40min	extensiver DA 75min
6	Alternativtraining 60min	10 x 1000m extensive Intervalle	extensiver DA 70min		extensiver DA 60min

Wettkampfperiode:

Woche	Montag	Dienstag	Mittwoch	Donnerstag	Freitag
1	extensives Fahrtspiel 80min	extensiver DA 60min	8 x 1000m intensive Intervalle		extensiver DA 60min
2	extensiver DA 45min	extensiver DA 70min	4 x 1000m intensive Intervalle		Erholungslauf 40min
3	Erholungslauf 40min	extensiver DA 70min	extensives Fahrtspiel 70min		Tempolauf 40 min
4	intensiver DA 40min	7 x 400m intensive Intervalle	extensives Fahrtspiel 40min		Erholungslauf 40min
5	Alternativtraining 30min	7 x 300m intensive Intervalle	extensives Fahrtspiel 40min		Erholungslauf 40min
6	Alternativtraining 30min	extensiver DA 40min	extensives Fahrtspiel 50min		Erholungslauf 40min

Übergangsperiode:

Woche	Montag	Dienstag	Mittwoch	Donnerstag	Freitag
1	Alternativtraining 40min		Erholungslauf 40min		Erholungslauf 40min
2	Alternativtraining 40min	Alternativtraining 60min		extensiver DA 50min	Erholungslauf 40min
3	Alternativtraining 40min		extensiver DA 60min		extensives Fahrtspiel 60min

Vorbereitungsperiode I: 12 Wochen
Plan A (ca. 50 km/Woche)
Plan B (ca. 80 km/Woche)

- In den ersten vier Wochen gewöhnen Sie sich langsam an Ihr Training. Sie legen die Basis mit langen Läufen. Sie steigern Ihr Trainingspensum langsam und schrauben es dann in der Ruhewoche wieder zurück.
- In der 5.–8. Woche erhöhen Sie Ihre Umfänge weiter, laufen intensiver und trainieren einen Tag mehr in der Woche.
- In der 9.–12. Woche verlängern Sie Ihre Läufe und stecken noch ein bisschen mehr Feuer in Ihre Laufeinheiten. Für Ihre Kraftausdauer können Sie jetzt auch Bergintervalle oder statt dessen Treppenläufe machen.
- Und gegen einen Kontrollwettkampf am Ende der 12. Woche, auf den Sie sich nicht extra vorbereiten, den Sie sozusagen aus dem Ärmel schütteln, ist nichts einzuwenden. So haben Sie ein Feedback über Ihren momentanen Leistungszustand.

Vorbereitungsperiode II: 6 Wochen
Plan A (ca. 60 km/Woche)
Plan B (ca. 95 km/Woche)

- Jetzt heißt es die Grundlagen weiter ausbauen und an das Wettkampftempo ranschnuppern.
- Tempoläufe und Intervalltraining können Sie jetzt forciert angehen. Sie kommen so in den schnellen Schritt und verbessern unweigerlich Ihre Lauftechnik. Die Tempoläufe gehen Sie etwas langsamer als Wettkampftempo an. Die intensiven Intervalle und Wiederholungsläufe etwas über dem Wettkampftempo.
- Ihre langen Läufe können Sie ab und an auch radfahrend gestalten. So schonen Sie Ihre, von den intensiven Einheiten müden Läuferbeine und trainieren trotzdem den

Samstag	Sonntag	Umfang
extensiver DA 70min	Fettstoffwechsel-Lauf 75min	ca. 60km
intensives Fahrtspiel 40min	Fettstoffwechsel-Lauf 80min	ca. 70km
extensiver DA 70min	Fettstoffwechsel-Lauf 90min	ca. 75km
extensiver DA 60min	extensiver DA 40min	ca. 50km
extensiver DA 60min	Fettstoffwechsel-Lauf 100min	ca 80km
extensiver DA 80min	Fettstoffwechsel-Lauf 110min	ca. 85km
extensiver DA 70min	Fettstoffwechsel-Lauf 100min	ca. 85km
Alternativtraining 60min	Tempolauf 20 min	ca. 55km
Alternativtraining 60min	Fettstoffwechsel-Lauf 110min	ca. 85km
extensiver DA 70min	Tempolauf 30 min	ca. 90km
extensives Fahrtspiel 50min	Fettstoffwechsel-Lauf 110min	ca. 90km
Erholungslauf 40min	Wettkampf über 5km	ca 60km

Samstag	Sonntag	Umfang
Tempolauf 30 min	Fettstoffwechsel-Lauf 100min	ca. 90km
intensives Fahrtspiel 70min	Fettstoffwechsel-Lauf 110min	ca. 100km
Erholungslauf 40min	Tempolauf über 5km	ca. 65km
intensives Fahrtspiel 50min	Fettstoffwechsel-Lauf 100min	ca. 100km
extensives Fahrtspiel 80min	Fettstoffwechsel-Lauf 130min	ca. 110km
extensiver DA 50min	Fettstoffwechsel-Lauf 100min	ca. 85km

Samstag	Sonntag	Umfang
8 x 300m intensive Intervalle	extensiver DA 90min	ca. 90km
Erholungslauf 30min	Wettkampf über 10km	ca. 70km
extensiver DA 60min	extensiver DA 80min	ca. 85km
Erholungslauf 30min	Wettkampf über 10km	ca. 65km
Erholungslauf 30min	Wettkampf über 5-10km	ca. 55km
Erholungslauf 30min	Wettkampf über 10km	ca. 55km

Samstag	Sonntag	Umfang
	Alternativtraining 60min	ca. 15km
Alternativtraining 60min	Alternativtraining 60min	ca.15km
Alternativtraining 60min	Alternativtraining 60min	ca.20km

Tab. 21: Der Zehner für Schnelle (Plan B)

Fettstoffwechsel. Aber bitte die Laufzeit im Trainingsplan mit der Zahl 2 multiplizieren. Wenn also ein langer Lauf mit 1,5 Stunden angesetzt ist, können Sie ihn in eine Radtour von 3 Stunden umwandeln.

Wettkampfperiode:
Plan A (ca. 55 km/Woche)
Plan B (ca. 75 km/Woche)
- Jetzt heißt es aufpassen, Sie wollen Ihre Hochform bewahren und beweisen. Vielleicht werden Sie Ihre Form nicht über die ganzen 6 Wochen halten können, deswegen konzentrieren Sie sich auf 2 Hauptwettkämpfe.
- Der erste Hauptwettkampf ist in der 2. Woche. Auf diesen bereiten Sie sich mit hochintensiven Intervallen vor.
- Machen Sie lieber weniger als mehr. Oder lassen Sie einfach 1 oder 2 Wettkämpfe unter den Tisch fallen und setzen Sie in der 5. oder 6. Woche noch einen Zehner drauf.
- Hören Sie gerade in dieser Zeit auf Ihren Körper. Er ist hochgetunt, super leistungsfähig und höchst empfindlich.

Übergangsperiode:
Plan A (ca. 15 km/Woche)
Plan B (ca. 15 km/Woche)
- Sie sind müde und ausgepowert. Sie haben Ihre Wettkämpfe bestritten und waren hoffentlich mit Ihrem Ergebnis zufrieden.
- Tauschen Sie Ihre Laufschuhe gegen Inlineskater aus, oder versuchen Sie es mal mit Nordic-Walking. Packen Sie Ihre Schwimmbrille ein und gehen Sie ins Schwimmbad zum »Bauchwaschen«. Auf diese Weise regenerieren Sie schneller als wenn Sie die Füße hochlegen würden. Sie halten ein gutes Stück Ihrer Form, die Sie dann in die nächste Saison mitnehmen können.

Lauflust in der Frühjahrsblüte ...

Der Halbe

Auf der Halbmarathonstrecke tummeln sich Marathonläufer und Läufer, die kürzere Strecken wettkampfmäßig laufen. Für den Marathonläufer ist die halbe Distanz eine »kurze Tempospritze«, für den 10-km-Läufer ein Ausflug in die Welt der Tempoausdauer.
Um beim Halbmarathon oder bei 25-km-Läufen gut durchzukommen, müssen Sie etwas mehr trainieren als für einen 10-km-Wettkampf.
Übrigens können Sie sich mit Halbmarathons und 25-km-Läufen ideal auf einen Marathon vorbereiten.
Den Halbmarathon laufen Sie in einem Tempo, das näher am 10-km-Renntempo als am Marathon-Renntempo liegt. Während Sie beim 10-km-Wettkampf etwas über der anaeroben Schwelle laufen, sind Sie beim Halbmarathon direkt an dieser Schwelle und kommen meist ohne Atemnot ins Ziel.

Die Meilensteine

Ihre Meilensteine innerhalb der Vorbereitung sind:
- Steigern Sie Ihren wöchentlichen Gesamtumfang jeweils um 10%–15%. Zunächst erhöhen Sie die Anzahl der Trainingseinheiten pro Woche, dann kann der Umfang pro Einheit erhöht werden.
- Beinahe wöchentlich steht ein längerer Lauf über 90 und mehr Minuten auf dem Programm, der gesteigert wird, bis er ca. 25–30 km Länge erreicht hat.
- Ein paar schnelle 5–10-km-Wettkämpfe sollten Sie in Ihre Vorbereitung einbauen.
- Ihre kurzen Intervalleinheiten und Wiederholungsläufe laufen Sie kurz über Ihrem 10er-Renntempo, also im anaero-

Die Abwechslung macht's: Laufen Sie hin und wieder auf unterschiedlichen Untergründen.

Training an der »Schwelle«: Mit der Zeit verschiebt sich dieser Grenzbereich spürbar.

ben Bereich. Die Geschwindigkeit für die Tempoläufe ist das anvisierte Halbmarathontempo. Sie trainieren an der Schwelle.

- Wer die 1:30 h unterbieten möchte, sollte regelmäßig 5–6 mal in der Woche trainieren.
- Im Durchschnitt stehen 65 Wochenkilometer auf dem Programm. In der Spitze wird auch mal die 100-Wochenkilometergrenze gebrochen.

Der geplante Halbe

Sie wollen einen Halben mal genießen können und nicht nur einfach durchhalten? Sie haben schon 2 Laufjahre hinter sich?
Dann gehen Sie ca. 4 bis 5 mal pro Woche auf Ihre Laufstrecke, bei ca. 60 km pro Woche und nehmen Sie sich Plan C vor.
Sie wollen Ihre Zeit auf den Halben verbessern und laufen schon 3 Jahre? Das 5. Paar Laufschuhe haben Sie schon längst durchgelaufen? Dann können Sie sich an **Plan D** orientieren. Sie trainieren ca. 80 km pro Woche bei 5 bis 6 Trainingstagen.

Vorbereitungsperiode I: 12 Wochen
Plan C (ca. 55 km/Woche)
Plan D (ca. 80 km/Woche)

- In den ersten 7 Wochen kommen Sie nach einem langen Winter in Ihren Trainingsrhythmus wieder rein und bauen Ihre Grundlagenausdauer auf.
- Kurzes Alternativtraining (40 min) kann Schwimmen, leichtes Krafttraining, oder Skaten sein. Wenn Alternativtraining über 60–150 min auf dem Plan steht, ist es sinnvoll diese mit dem Rad zu absolvieren. Grundsätzlich bewegen Sie sich hier mit Ihrer Herzfrequenz im Stabilisationsbereich oder darunter.
- Ab der 7. Woche trainieren Sie mit Bergläufen und Intervallen Ihre Kraftausdauer. Wenn Sie merken, dass es Ihnen hier ein

Vorbereitungsperiode I:

Woche	Montag	Dienstag	Mittwoch	Donnerstag	Freitag
1		extensiver DA 50min	extensives Fahrtspiel 60min	Alternativtraining 40min	
2		extensives Fahrtspiel 60min	extensiver DA 60min	Alternativtraining 40min	
3		intensiver DA 40min	extensiver DA 70min	Alternativtraining 60min	
4		Erholungslauf 30min	extensives Fahrtspiel 60min	Alternativtraining 60min	
5		extensiver DA 70min	extensiver DA 50min	intensives Fahrtspiel 40min	
6		extensiver DA 80min	extensiver DA 50min	intensives Fahrtspiel 50min	
7		extensiver Berglauf 60min	extensiver DA 55min	4 x 1000m extensive Intervalle	
8		extensiver DA 40min	6 x 400m intensive Intervalle	Erholungslauf 30min	
9		extensives Fahrtspiel 60min	Bergintervalle 4 x 2min	extensiver DA 80min	
10		extensives Fahrtspiel 60min	Bergintervalle 4 x 3min	extensiver DA 90min	
11		extensiver DA 80min	4 x 800m intensive Intervalle	extensiver DA 60min	
12		Erholungslauf 30min	4 x 1000m extensive Intervalle	Erholungslauf 30min	

Vorbereitungsperiode II:

Woche	Montag	Dienstag	Mittwoch	Donnerstag	Freitag
1	Alternativtraining 40min	Erholungslauf 30min	extensives Fahrtspiel 70min		extensiver DA 80min
2	Erholungslauf 30min	8 x 400m intensive Intervalle	extensiver DA 50min		extensiver DA 80min
3	Erholungslauf 45min	extensiver DA 70min	4 x 1000m Wiederholungsläufe		extensives Fahrtspiel 50min
4		Alternativtraining 60min	extensives Fahrtspiel 50min		extensiver DA 60min
5	Erholungslauf 30min	8 x 400m intensive Intervalle	extensives Fahrtspiel 60min		extensiver DA 75min
6	Erholungslauf 30min	extensiver DA 70min	8 x 800m intensive Intervalle		extensiver DA 60min

Wettkampfperiode:

Woche	Montag	Dienstag	Mittwoch	Donnerstag	Freitag
1		Erholungslauf 30min	extensives Fahrtspiel 40min		extensiver DA 60min
2	Erholungslauf 60min	extensiver DA 80min	6 x 1000m intensive Intervalle	extensiver DA 60min	
3	Alternativtraining 30min	extensiver DA 60min	extensives Fahrtspiel 70min		Tempolauf 40 min
4		extensiver DA 40min	5 x 200m intensive Intervalle		Erholungslauf 40min

Übergangsperiode:

Woche	Montag	Dienstag	Mittwoch	Donnerstag	Freitag
1	Alternativtraining 40min		Erholungslauf 30min		Erholungslauf 30min
2	Alternativtraining 40min		extensiver DA 50min		Erholungslauf 40min
3	Alternativtraining 40min		extensives Fahrtspiel 60min		extensiver DA 60min

Samstag	Sonntag	Umfang
extensiver DA 50min	Fettstoffwechsel-Lauf 70min	ca. 40km
Tempolauf 20min	Fettstoffwechsel-Lauf 80min	ca. 45km
extensives Fahrtspiel 60min	Fettstoffwechsel-Lauf 90min	ca. 50km
extensiver DA 60min	extensiver DA 40min	ca. 35km
extensiver DA 40min	Fettstoffwechsel-Lauf 100min	ca 50km
extensiver DA 45min	Fettstoffwechsel-Lauf 100min	ca. 55km
extensiver DA 50min	Fettstoffwechsel-Lauf 110min	ca. 60km
Erholungslauf 40min	5km Wettkampf / Tempolauf 20 min	ca. 40km
Tempolauf 25 min	Fettstoffwechsel-Lauf 100min	ca. 55km
extensiver DA 60min	Alternativtraining 120min	ca. 65km
extensives Fahrtspiel 60min	Fettstoffwechsel-Lauf 120min	ca. 70km
Erholungslauf 40min	10km Wettkampf / Tempolauf 30 min	ca 40km
Samstag	**Sonntag**	**Umfang**
Tempolauf 30 min	Fettstoffwechsel-Lauf 130min	ca. 70km
extensives Fahrtspiel 60min	Fettstoffwechsel-Lauf 110min	ca. 70km
extensiver DA 60min	Fettstoffwechsel-Lauf 120min	ca. 75km
Erholungslauf 30min	Wettkampf über 10km	ca. 50km
intensives Fahrtspiel 60min	Fettstoffwechsel-Lauf 110min	ca. 65km
extensiver DA 50min	Fettstoffwechsel-Lauf 130min	ca. 75km
Samstag	**Sonntag**	**Umfang**
intensives Fahrtspiel 60min	extensiver DA 90min	ca. 50km
Erholungslauf 30min	Fettstoffwechsel-Lauf 90min	ca. 80km
extensiver DA 60min	extensiver DA 80min	ca. 60km
Erholungslauf 30min	Der Halbe	ca. 65km
Samstag	**Sonntag**	**Umfang**
Alternativtraining 60min		ca. 10km
Alternativtraining 60min	Alternativtraining 60min	ca.15km
Alternativtraining 60min	extensiver DA 70min	ca.20km

bisschen fehlt, dann können Sie ein Beintraining in Ihr Alternativprogramm einbauen.
- Mit den Wettkämpfen in Woche 8 und 12 können Sie Ihren Leistungsstand überprüfen und vielleicht schon Ihre Halbmarathonzeit errechnen.

Vorbereitungsperiode II: 6 Wochen
Plan C (ca. 65 km/Woche)
Plan D (ca. 95 km/Woche)
- Der läuferische Belastungsumfang nimmt zu und das Alternativtraining rückt in den Hintergrund.
- Die intensiven Trainingseinheiten wecken Ihre Beine auf. Wenn Sie nach den Tempoeinheiten am nächsten Tag noch müde sind oder der Puls ungewöhnlich hoch ist, dann nehmen Sie Belastung raus. Gönnen Sie sich einen trainingsfreien Tag.
- Mit den Tempoläufen, dem Wettkampf und dem Kontrolllauf eignen Sie sich Tempohärte an und zeigen Ihrem Körper, was Sie wollen. Schnell laufen.

Wettkampfperiode: 4 Wochen
Plan C (ca. 60 km/Woche)
Plan D (ca. 80 km/Woche)
- Die dritte Woche vor dem Wettkampf ist Ihre längste. Der Belastungsumfang ist sehr hoch.
- In den letzten 3 Wochen ist das Feintuning für Ihr Tempo das wichtigste. Versuchen Sie sowohl das langsame Tempo im Fettstoffwechsellauf als auch das schnelle Tempo in den Intervallen und im Tempolauf genau zu treffen.
- In der Wettkampfwoche geben Sie noch einmal kurz Gas. Haben Sie keine Angst davor. Sie trainieren sich nicht in den Keller, dafür sind die Tempoeinheiten zu kurz. Doch Ihre Beine bleiben schnell.

Tab. 22: Der Halbe für Entspannte (Plan C)

Der Lebenslauf – genau geplant

Vorbereitungsperiode I:

Woche	Montag	Dienstag	Mittwoch	Donnerstag
1		extensiver DA 60min	extensives Fahrtspiel 60min	Alternativtraining 40min
2	Erholungslauf 40min	extensives Fahrtspiel 60min	extensiver DA 70min	Alternativtraining 40min
3	extensiver DA 60min	intensiver DA 40min	extensiver DA 90min	Alternativtraining 60min
4		Erholungslauf 50min	extensives Fahrtspiel 60min	Alternativtraining 60min
5	Erholungslauf 40min	extensiver DA 70min	extensiver DA 50min	intensives Fahrtspiel 50min
6	Erholungslauf 40min	extensiver DA 80min	extensiver DA 50min	intensives Fahrtspiel 60min
7	Erholungslauf 40min	extensiver Berglauf 60min	extensiver DA 75min	4 x 2000m extensive Intervalle
8	Alternativtraining 40min	extensiver DA 60min	6 x 400m intensive Intervalle	extensiver DA 60min
9	Erholungslauf 40min	extensives Fahrtspiel 60min	Bergintervalle 4 x 2min	extensiver DA 80min
10	Erholungslauf 40min	extensives Fahrtspiel 60min	Bergintervalle 4 x 3min	extensiver DA 90min
11	Erholungslauf 50min	extensiver DA 80min	6 x 800m intensive Intervalle	extensiver DA 80min
12		Erholungslauf 30min	6 x 400m intensive Intervalle	Erholungslauf 30min

Vorbereitungsperiode II:

Woche	Montag	Dienstag	Mittwoch	Donnerstag
1	Alternativtraining 60min	Erholungslauf 40min	extensives Fahrtspiel 70min	Tempolauf 30 min
2	Erholungslauf 40min	6 x 400m intensive Intervalle	extensiver DA 80min	
3	extensiver DA 70min	extensiver DA 60min	4 x 1000m intensive Intervalle	extensiver DA 75min
4	Erholungslauf 40min	extensiver DA 70min	intensives Fahrtspiel 50min	
5	Erholungslauf 40min	extensiver DA 80min	8 x 400m intensive Intervalle	
6	Alternativtraining 60min	10 x 1000m extensive Intervalle	extensiver DA 70min	

Wettkampfperiode:

Woche	Montag	Dienstag	Mittwoch	Donnerstag
1	extensiver DA 60min	extensives Fahrtspiel 40min	4 x 1000m Wiederholungsläufe	
2	extensiver DA 60min	extensiver DA 100min	8 x 1000m intensive Intervalle	Erholungslauf 30min
3	Erholungslauf 30min	extensiver DA 70min	extensives Fahrtspiel 70min	
4	intensiver DA 40min	5 x 300m intensive Intervalle	extensiver DA 40min	

Übergangsperiode:

Woche	Montag	Dienstag	Mittwoch	Donnerstag
1	Alternativtraining 40min		Erholungslauf 30min	
2	Alternativtraining 40min		extensiver DA 50min	
3	Alternativtraining 40min		extensives Fahrtspiel 60min	

Freitag	Samstag	Sonntag	Umfang
	extensiver DA 50min	Fettstoffwechsel-Lauf 80min	ca. 55km
	Tempolauf 20min	Fettstoffwechsel-Lauf 80min	ca. 65km
	extensives Fahrtspiel 60min	Fettstoffwechsel-Lauf 95min	ca. 75km
	extensiver Berglauf 60min	extensiver DA 80min	ca. 50km
	extensiver DA 60min	Fettstoffwechsel-Lauf 100min	ca 75km
	extensiver DA 70min	Fettstoffwechsel-Lauf 110min	ca. 85km
	extensiver DA 80min	Fettstoffwechsel-Lauf 120min	ca. 95km
	Erholungslauf 40min	5km Wettkampf / Tempolauf 30 min	ca. 55km
	Tempolauf 35 min	Fettstoffwechsel-Lauf 100min	ca. 85km
	extensiver DA 60min	Fettstoffwechsel-Lauf 120min	ca. 90km
	extensives Fahrtspiel 60min	Fettstoffwechsel-Lauf 130min	ca. 100km
	Erholungslauf 40min	10km Wettkampf / Tempolauf 30 min	ca 60km

Freitag	Samstag	Sonntag	Umfang
	extensiver DA 80min	Fettstoffwechsel-Lauf 100min	ca. 80km
extensiver DA 90min	intensives Fahrtspiel 60min	Fettstoffwechsel-Lauf 110min	ca. 90km
extensiver DA 75min	Erholungslauf 40min	Fettstoffwechsel-Lauf 100min	ca. 95km
extensiver DA 60min	extensives Fahrtspiel 70min	Tempolauf 40min / 10km Wettkampf	ca. 70km
extensiver DA 75min	intensives Fahrtspiel 60min	Fettstoffwechsel-Lauf 115min	ca. 100km
extensiver DA 60min	extensiver DA 50min	Fettstoffwechsel-Lauf 100min	ca. 115km

Freitag	Samstag	Sonntag	Umfang
extensiver DA 60min	Alternativtraining 30min	Fettstoffwechsel-Lauf 120min	ca. 75km
extensiver DA 60min	extensiver DA 90min	Fettstoffwechsel-Lauf 130min	ca.110km
Tempolauf 40 min	extensiver DA 60min	extensiver DA 80min	ca. 70km
Erholungslauf 40min	Erholungslauf 30min	Der Halbe	ca. 60km

Freitag	Samstag	Sonntag	Umfang
Erholungslauf 30min	Alternativtraining 60min		ca. 10km
Erholungslauf 40min	Alternativtraining 60min	Alternativtraining 60min	ca.15km
extensiver DA 60min	Alternativtraining 60min	extensiver DA 70min	ca.20km

Tab. 23: Der Halbe für Schnelle (Plan D)

Übergangsperiode: 3 Wochen
Plan C (ca. 20 km/Woche)
Plan D (ca. 20 km/Woche)
- Jetzt können Sie sich von Ihrer Lauferei eine kleine Auszeit nehmen. Überlegen Sie sich, ob es noch Sportarten gibt, die Sie gerne erlernen würden. Trotzdem dürfen Sie ab und an ein bisschen rumtraben, um nicht vollkommen aus dem Rhythmus zu kommen. Sie wissen ja, »Schwere Beine wollen locker bewegt werden.«

Der Marathon

Sie sind schon 3 oder 4 Jährchen mit Ihrem treuesten Partner zusammen und pflegen ihn gewissenhaft? Ich spreche von Ihrem Laufschuh. Vielleicht haben Sie auch schon Wettkampferfahrung auf kürzeren Strecken gesammelt. Haben Sie Blut geleckt und wollen sich endlich an den Großen, den Ganzen heranwagen? Dann sollten Sie ein halbes Jahr an Vorbereitungszeit kalkulieren. In dieser Vorbereitungszeit auf den großen Event können Sie Wettkämpfe zur Leistungskontrolle einbauen. Das hilft Ihnen bei der Stange zu bleiben und aus dem Trainingstrott heraus zukommen.

Ich fand es immer sehr unterhaltsam, viele gleichgesinnte Menschen zu treffen und mit Ihnen über dieses und jenes zu plaudern. Ich fragte die Laufcracks über Ihre Gewohnheiten und Tricks aus und lernte so viel durch Gespräche. Mir tat es gut zu bemerken, dass alle nur mit Wasser kochten. Jeder hatte ab und an seine Problemchen, Zipperleins und Durchhänger. Das zu hören, gab mir Mut auf meinen Körper zu hören und nicht Sklave eines Blatt Papiers, namens Trainingsplan, zu sein.

Sehen Sie die Wettkämpfe als Vorbereitung an. Ich weiß, das ist schwer, wenn so manch Widersacher an einem vorbeizieht. Lassen Sie ihn ziehen, genießen Sie den Lauf und sagen Sie sich: »Mein Tag kommt noch!«. Sie haben das Ziel Marathon und Sie wollen es doch auch erreichen? Wenn Sie sich kurz vor einem Wettkampf nicht bombig fühlen, dann machen Sie lieber einen Tempolauf zuhause.

Noch ein Wort zu Ihrem Renntempo. Das Marathontempo liegt etwas unterhalb des Halbmarathontempos. Während Sie beim Halbmarathon direkt an der Schwelle laufen, kommen Sie beim Marathon nicht über Ihren Grenzpuls. Es ist empfehlenswert den Wettkampf mit Pulsmesser zu laufen. Wenn Sie über Ihren Grenzpuls kommen verbrauchen Sie zu viele kostbare Kohlehydrate, die Ihnen dann bei Kilometer 30 fehlen könnten. Denn Sie erinnern sich, Ihr Fettstoffwechsel läuft nur im Feuer der Kohlehydrate. Wenn die Kohlehydrate fehlen, müssen Sie den Wettkampf zu Ende gehen oder ausscheiden. Da sind Sie doch klüger und lassen es lieber ein bisschen langsamer angehen, um dann nach hinten raus Dampf zu machen.

Die Meilensteine
- Die Meilensteine, die Sie für Ihren Marathon unbedingt passieren sollten sind folgende:
- Sie müssen Ihr Trainingspensum erhöhen, aber das wissen Sie, denn 42,195 km sind kein Pappenstiel. Wenn Sie von heute auf morgen von 50 auf 80 oder mehr km pro Woche steigern, werden Sie spätestens nach 3 Wochen zum Schachspieler oder Minigolfer. Ihre Motivation ist flöten gegangen. Sie sind übertrainiert oder Sie haben die ersten Überlastungserscheinungen. Ihr Ziel rückt wieder in weite Ferne.
- Gehen Sie schrittweise und nicht sprunghaft vor. Steigern Sie Ihren wöchentlichen Gesamtumfang jeweils um ca. 15%. Zunächst sollten Sie die Anzahl der Trainingseinheiten pro Woche, dann der Umfang pro Einheit erhöht werden.
- Eine Einheit pro Woche ernennen Sie zum »Fettstoffwechsel-Lauf«, der gesteigert wird, bis er 20–30 km Länge erreicht hat.

Der Lebenslauf – genau geplant

Vorbereitungsperiode I:

Woche	Montag	Dienstag	Mittwoch	Donnerstag	Freitag
1	Alternativtraining 40min		extensiver DA 60min		extensiver DA 80min
2	extensives Fahrtspiel 50min		extensiver DA 60min		extensiver DA 75min
3	extensiver DA 60min		intensiver DA 40min		extensiver Berglauf 60min
4	Alternativtraining 40min		extensiver DA 50min		extensives Fahrtspiel 60min
5	Erholungslauf 40min		extensiver DA 80min	extensives Fahrtspiel 50min	extensiver DA 45min
6	Erholungslauf 40min		extensiver DA 80min	intensiver DA 50min	extensiver Berglauf 60min
7	extensiver DA 80min	Tempolauf 40min	extensiver DA 70min		intensiver Berglauf 50min
8	extensiver Berglauf 60min	5 x 600m intensive Intervalle			extensiver DA 60min
9	extensiver DA 75min	Alternativtraining 40min	5 x 1000m extensive Intervalle		extensiver DA 50min
10	extensiver DA 75min	Erholungslauf 40min	2 x 3000m Wiederholungsläufe		extensiver DA 60min
11	extensiver DA 90min	Bergintervalle 4 x 5min	Erholungslauf 30min		extensives Fahrtspiel 50min
12	Erholungslauf 30min	8 x 1000m extensive Intervalle		Fettstoffwechsel-Lauf 90min	

Vorbereitungsperiode II:

Woche	Montag	Dienstag	Mittwoch	Donnerstag	Freitag
1	Alternativtraining 40min	extensiver DA 40min	intensiver DA 60min		extensiver DA 70min
2	extensiver DA 70min	Erholungslauf 40min	4 x 1000m Wiederholungsläufe		extensiver Berglauf 60min
3	Alternativtraining 40min	extensiver DA 80min	5 x 1000m intensive Intervalle	extensiver DA 50min	extensiver Berglauf 60min
4	extensiver DA 70min	Erholungslauf 40min	intensiver DA 70min	extensives Fahrtspiel 60min	
5	Alternativtraining 60min	intensiver DA 70min	Tempolauf 60 min	extensiver DA 60min	6 x 400m intensive Intervalle
6	Alternativtraining 60min	extensiver DA 70min	8 x 1000m extensive Intervalle	extensiver DA 70min	8 x 300m intensive Intervalle

Wettkampfperiode:

Woche	Montag	Dienstag	Mittwoch	Donnerstag	Freitag
1	Alternativtraining 120min	extensives Fahrtspiel 40min	4 x 2000m intensive Intervalle		intensiver DA 75min
2	intensiver DA 60min	extensiver DA 90min	8 x 400m intensive Intervalle	extensiver DA 90min	extensives Fahrtspiel 90min
3	Alternativtraining 120min	8 x 200m intensive Intervalle	extensiver DA 60min	2 x 3000m Wiederholungsläufe	extensiver DA 60min
4		extensiver DA 40min	5 x 200m intensive Intervalle		Erholungslauf 40min

Übergangsperiode:

Woche	Montag	Dienstag	Mittwoch	Donnerstag	Freitag
1	Alternativtraining 40min	Erholungslauf 40min	Alternativtraining 60min		Erholungslauf 60min
2	Alternativtraining 40min	Erholungslauf 40min	extensiver DA 50min		extensives Fahrtspiel 50min
3	Alternativtraining 40min	Erholungslauf 40min	intensiver DA 50min		extensiver DA 60min

Samstag	Sonntag	Umfang
extensives Fahrtspiel 60min	Alternativtraining 100min	ca. 45km
Tempolauf 20min	Alternativtraining 100min	ca. 50km
Alternativtraining 100min	Fettstoffwechsel-Lauf 90min	ca. 50km
Alternativtraining 100min	Fettstoffwechsel-Lauf 90min	ca. 40km
Erholungslauf 40min	Wettkampf 10 km	ca 50km
Alternativtraining 90min	Fettstoffwechsel-Lauf 110min	ca. 60km
Fettstoffwechsel-Lauf 100min	Alternativtraining 100min	ca. 60km
Tempolauf 20 min	Alternativtraining 120min	ca. 40km
Fettstoffwechsel-Lauf 100min	Tempolauf 60min	ca. 60km
Fettstoffwechsel-Lauf 100min	Alternativtraining 120min	ca. 70km
extensiver DA 90min	Fettstoffwechsel-Lauf 120min	ca. 80km
Erholungslauf 40min	Wettkampf 10 - 20km	ca. 50km

Samstag	Sonntag	Umfang
Tempolauf 30 min	Fettstoffwechsel-Lauf 120min	ca. 65km
intensives Fahrtspiel 60min	Fettstoffwechsel-Lauf 140min	ca. 70km
extensives Fahrtspiel 60min	Fettstoffwechsel-Lauf 130min	ca. 85km
Erholungslauf 40min	Wettkampf 10 - 20km	ca. 60km
extensives Fahrtspiel 70min	Fettstoffwechsel-Lauf 140min	ca. 80km
Fettstoffwechsel-Lauf 90min	30 km Kontrolllauf	ca. 90km

Samstag	Sonntag	Umfang
extensiver DA 70min	Fettstoffwechsel-Lauf 100min	ca. 60km
intensiver DA 60min	Fettstoffwechsel-Lauf 150min	ca. 100km
intensiver DA 75min	Fettstoffwechsel-Lauf 100min	ca. 75km
Erholungslauf 30min	Marathon	ca. 65km

Samstag	Sonntag	Umfang
extensiver DA 50min		ca. 20km
Alternativtraining 100min		ca. 20km
Alternativtraining 100min		ca. 30km

- Jede 3.–4. Woche ist eine Erholungswoche, die ca. 70% des Umfanges der Vorwoche beinhaltet. Hier können Sie dann auch Sonntags mal einen Wettkampf laufen.
- Sie wissen, dass Fettstoffwechsel-Läufe, extensive Dauerläufe und Regenerationsläufe die Basis einer jeden Woche bilden.
- Intensivere Methoden kommen erst ab Woche 5 in Form von Hügeltraining, Fahrtspiel und Tempoläufen oder Wettkämpfen ins Spiel. Diese Intensität nimmt in der Vorbereitungsperiode II noch mal, in Form von intensiven Intervallen und Wiederholungsläufen zu. Die Intervalle laufen Sie kurz über Ihrer Schwelle, aber machen Sie lange Trabpausen dazwischen. Die Wiederholungsläufe laufen Sie an Ihrem Grenzpuls, also kurz über Ihrem Marathontempo.
- Lassen Sie auf einen harten Tag niemals einen weiteren harten Tag folgen. Legen Sie am Tag nach dem langen Lauf, einem Intervalltraining oder Trainingswettkampf einen lockeren Dauerlauf oder eine aktive Erholung ein. Wenn nötig können Sie auch zwei Tage rumbummeln.

Tipp
Im Zweifel lieber mehr Regeneration als mehr oder intensiveres Training, denn an zu viel Regeneration hat sich noch niemand verletzt, an zu viel Training schon.

Der geplante Marathon
Plan E ist geeignet für Läufer, die sich gewissenhaft auf den großen Event mit möglichst wenig Zeitaufwand vorbereiten wollen. Sie laufen ca. 60 km pro Woche bei 5–6 Trainingseinheiten, wobei Sie diesen Umfang in der Vorbereitungsperiode II noch mal bis auf 90 km pro Woche steigern. Lassen Sie diese

Tab. 24: Der Marathon für Entspannte (Plan E)

Vorbereitungsperiode I:

Woche	Montag	Dienstag	Mittwoch	Donnerstag
1	extensiver DA 50min		extensiver DA 70min	
2	Erholungslauf 40min	extensives Fahrtspiel 50min	extensiver DA 75min	
3	Erholungslauf 40min	intensiver DA 60min	extensiver DA 80min	
4	Erholungslauf 40min	intensiver DA 60min	Alternativtraining 90min	
5	Erholungslauf 40min	extensiver DA 80min	Tempolauf 45min	
6	Alternativtraining 40min	extensiver DA 60min	extensiver DA 80min	intensives Fahrtspiel 50min
7	Erholungslauf 40min	3 x 2000m extensive Intervalle	Fettstoffwechsel-Lauf 90min	extensives Fahrtspiel 60min
8	Alternativtraining 60min	intensiver DA 60min	extensiver DA 60min	
9	Erholungslauf 40min	Bergintervalle 5 x 2min	extensiver DA 90min	extensives Fahrtspiel 60min
10	Erholungslauf 40min	intensives Fahrtspiel 40min	extensiver DA 60min	extensiver DA 60min
11	Erholungslauf 30min	intensiver DA 60min	extensiver DA 70min	extensiver Berglauf 60min
12	Erholungslauf 40min	4 x 1000m intensive Intervalle	extensiver DA 60min	

Vorbereitungsperiode II:

Woche	Montag	Dienstag	Mittwoch	Donnerstag
1	Alternativtraining 40min	extensiver DA 75min	4 x 1000m Wiederholungsläufe	extensiver DA 50min
2	Erholungslauf 40min	4 x 2000m Wiederholungsläufe	extensiver Berglauf 60min	
3	Alternativtraining 40min	extensiver DA 90min	extensiver DA 50min	Tempolauf 40 min
4	Erholungslauf 40min	intensives Fahrtspiel 60min	extensiver DA 80min	
5	Alternativtraining 100min	5 x 2000m Wiederholungsläufe	extensiver DA 70min	intensiver DA 80min
6	Alternativtraining 100min	extensiver DA 80min	intensiver DA 70min	Fettstoffwechsel-Lauf 100min

Wettkampfperiode:

Woche	Montag	Dienstag	Mittwoch	Donnerstag
1	Alternativtraining 40min	extensiver DA 80min	8 x 400m intensive Intervalle	
2	extensiver DA 75min	extensives Fahrtspiel 70min	extensiver DA 105min	extensiver DA 60min
3	extensiver DA 60min	extensives Fahrtspiel 70min	10 x 200m intensive Intervalle	Alternativtraining 40min
4	Erholungslauf 30min	extensiver DA 40min	6 x 200m intensive Intervalle	

Übergangsperiode:

Woche	Montag	Dienstag	Mittwoch	Donnerstag
1	Alternativtraining 40min	Erholungslauf 40min	Alternativtraining 60min	
2	Alternativtraining 40min	Erholungslauf 40min	extensiver DA 50min	
3	Alternativtraining 40min	Erholungslauf 40min	intensiver DA 50min	

Freitag	Samstag	Sonntag	Umfang
extensives Fahrtspiel 60min	extensiver DA 50min	Alternativtraining 90min	ca. 50km
extensiver DA 60min	Alternativtraining 120min	Fettstoffwechsel-Lauf 90min	ca. 60km
extensives Fahrtspiel 60min	Alternativtraining 150min	Fettstoffwechsel-Lauf 100min	ca. 75km
extensiver Berglauf 60min	Alternativtraining 120min	Fettstoffwechsel-Lauf 90min	ca. 50km
Fettstoffwechsel-Lauf 100min	Erholungslauf 40min	Wettkampf 10 km	ca 70km
extensiver Berglauf 75min	Alternativtraining 150min	Fettstoffwechsel-Lauf 120min	ca. 85km
intensiver Berglauf 70min	Alternativtraining 150min	Fettstoffwechsel-Lauf 120min	ca. 100km
extensiver DA 40min	Tempolauf 30 min	Fettstoffwechsel-Lauf 120min	ca. 70km
Fettstoffwechsel-Lauf 100min	Erholungslauf 40min	Tempolauf 50 min	ca. 100km
Fettstoffwechsel-Lauf 100min	extensiver DA 60min	Fettstoffwechsel-Lauf 120min	ca. 110km
Fettstoffwechsel-Lauf 100min	intensiver DA 80min	Fettstoffwechsel-Lauf 140min	ca. 120km
Fettstoffwechsel-Lauf 90min	Erholungslauf 40min	Wettkampf 10 - 20km	ca 70km

Freitag	Samstag	Sonntag	Umfang
extensiver DA 70min	Tempolauf 30 min	Fettstoffwechsel-Lauf 130min	ca. 90km
extensiver DA 90min	extensives Fahrtspiel 70min	Fettstoffwechsel-Lauf 150min	ca. 105km
extensiver DA 90min	extensiver Berglauf 60min	Fettstoffwechsel-Lauf 140min	ca. 120km
5 x 400m intensive Intervalle	Erholungslauf 40min	Wettkampf 20km	ca. 70km
extensiver DA 75min	extensives Fahrtspiel 70min	Fettstoffwechsel-Lauf 150min	ca. 120km
extensiver DA 70min	Fettstoffwechsel-Lauf 90min	30 km Kontrollauf	ca. 130km

Freitag	Samstag	Sonntag	Umfang
extensiver DA 75min	intensiver DA 75min	Fettstoffwechsel-Lauf 120min	ca. 90km
Alternativtraining 120min	intensiver DA 85min	Fettstoffwechsel-Lauf 150min	ca. 130km
extensiver DA 60min	intensiver DA 75min	Fettstoffwechsel-Lauf 90min	ca. 90km
Erholungslauf 40min	Erholungslauf 30min	Marathon	ca. 75km

Freitag	Samstag	Sonntag	Umfang
Erholungslauf 60min	extensiver DA 60min		ca. 25km
extensives Fahrtspiel 50min	Alternativtraining 100min		ca. 30km
extensiver DA 60min	Alternativtraining 100min		ca. 30km

Tab. 24: Der Marathon für Schnelle (Plan F)

Wochen auf sich zukommen. Wenn Sie merken, dass Sie das zeitlich oder motivationsmäßig nicht schaffen, dann knapsen Sie an den Trainingseinheiten ein bisschen ab. Versuchen Sie jedoch die langen Fettstoffwechselläufe beizubehalten.

Wenn Sie schon einen Marathon hinter sich haben und Ihre Zeit verbessern wollen, dann sind Sie ein Kandidat für Plan F. Bei Ihnen stehen ca. 90 km pro Woche auf dem Plan, bei ca. 6 Trainingstagen.

Vorbereitungsperiode I: 12 Wochen
Plan E (ca. 60 km/Woche)
Plan F (ca. 90 km/Woche)
- Sie schaffen die Basis und gewöhnen sich langsam an Ihr Training.
- Das Alternativtraining kann Schwimmen, Nordic Walking, leichtes Krafttraining, Skaten, Skilanglauf oder Radfahren sein. Wenn Alternativtraining über 60–150 min auf dem Plan steht ist es sinnvoll diese mit dem Rad zu absolvieren. Grundsätzlich bewegen Sie sich hier mit Ihrer Herzfrequenz im Stabilisationsbereich oder darunter. Ist das Alternativtraining am Anfang der Woche mit 30–60 min angesetzt können sie auch ein Krafttraining absolvieren.
- Ab der 7. Woche trainieren Sie mit Bergläufen und Intervallen Ihre Kraftausdauer. Wenn Sie merken, dass es Ihnen hier ein bisschen fehlt, dann können Sie ein Beintraining in Ihr Alternativprogramm einbauen.
- Mit den eingebauten Wettkämpfen können Sie Ihren Leistungsstand überprüfen.

Vorbereitungsperiode II: 6 Wochen
Plan E (ca. 90 km/Woche)
Plan F (ca. 120 km/Woche)
- Der läuferische Belastungsumfang nimmt zu und das Alternativtraining rückt in den Hintergrund.
- Die intensiven Trainingseinheiten bereiten Sie auf das Wettkampftempo vor. Wenn Sie merken, dass Sie oft sehr müde sind, dann betonen Sie die Ruhephasen mehr und lassen mal einen extensiven Dauerlauf weg.
- Mit den Tempoläufen, dem Wettkampf und dem Kontroll-Lauf schnuppern Sie sich an Ihr Wettkampftempo heran.

Wettkampfperiode: 4 Wochen
Plan E (ca. 75 km/Woche)
Plan F (ca. 100 km/Woche)
- In der 3. Woche vor dem Marathon haben Sie den höchsten Belastungsumfang.
- In den letzten 3 Wochen feilen Sie noch mal an Ihrem Tempo.
- In der Wettkampfwoche geben Sie noch einmal kurz Gas, damit Ihr Körper das Wettkampftempo nicht vergisst. Den Rest der Woche dürfen Sie (mit Erholungsläufen) ausruhen und sich psychisch vorbereiten.

Übergangsperiode: 3 Wochen
Plan E (ca. 30 km/Woche)
Plan F (ca. 30 km/Woche)
- Sie dürfen wieder locker lassen. Aber die Beine nicht nur hochlegen, sondern mit Bewegung durchbluten. Wenn Ihnen in der ersten Woche aufgrund von Muskelkater das Laufen schwer fällt, dann kurbeln Sie wenigstens locker auf Ihrem Rad durch die Landschaft. Sie werden merken, die Schmerzen in den Beinen nehmen ab, wenn Sie sie locker belasten. Und machen Sie sich keine Sorgen, wenn Ihre Beine steif sind und Sie die Treppen nur noch rückwärts raufkommen. Das legt sich wieder. Übrigens tun Sauna und Massagen Ihrer Seele und Ihrem Körper in dieser Zeit auch gut.

Ein paar Tipps für den großen Tag
- Die Tage vor dem Wettkampf sind nicht die Zeit für Experimente. Das betrifft vor allem Ihre Ernährung. Das heißt: Finger weg von Getränken und Nahrungsmitteln, die Sie noch nie zuvor bzw. in der Trainingsphase erfolgreich ausprobiert haben.

- Ernähren Sie sich in den letzten 2 Wochen vor dem Marathon ganz bewusst eiweißreich. Das sollten Sie übrigens schon nach jedem harten Training machen. Da die verausgabten Muskeln jetzt viel Eiweiß brauchen, um verbesserte Strukturen aufzubauen. Essen Sie komplexe Kohlenhydrate in Form von Vollkornbrot, Müsli und Co.
  Und vergessen Sie nicht, mineralien- und vitaminreich zu essen. Am Besten sind bei hartem Training Nahrungsergänzungsmittel. Denn durch die hohen Laufbelastungen werden Sie es nicht schaffen (selbst mit einer ausgewogenen Ernährung) alle Vitalstoffe, die Ihr Körper für eine gute Leistung braucht, aufzunehmen.
- Orientieren Sie sich an Ihrer Marschtabelle, aber nehmen Sie sie nicht zu genau und sind Sie realistisch. Sie wissen, wie viel Sie trainiert haben.
- Tragen Sie wettkampferprobte Kleidung und Schuhe. Die Schuhe, die Sie beim Wettkampf tragen, sollten ein- und nicht abgelaufen sein. Falls Sie Füße haben, die Blasen magisch anziehen, dann kleben Sie die Stellen mit einem Tape ab. Das hält bombig und beugt vor.
- Planen Sie auch für schlechtes Wetter. Mit Höschen und Hemdchen im kalten Regen auf den Startschuss warten, macht keinen Spaß. Ein Plastikumhang oder ähnliches hält Sie bei Regen vor dem Start trocken. Mütze und Handschuhe sind am frühen Morgen angenehm. Sie werden neidische Blicke ernten. Frieren kostet Sie kostbare Energie.
- Die Pasta-Parties am Vorabend eines Marathons sind sehr unterhaltsam, aber Ihre Kohlehydratspeicher sollten Sie schon längst aufgefüllt haben. Was Sie jetzt noch reinvöllern belastet Sie nachts nur. Und gut schlafen können Sie soundso nicht. Lieber was Leichtes, Ballaststoffarmes am späten Nachmittag essen.
- Gehen Sie vor dem Frühstück ein wenig an die frische Luft. Traben Sie fünf Minuten locker (nicht länger) auf und ab. Das bringt den Kreislauf rechtzeitig in Schwung, lockert die Muskulatur und gibt Ihnen einen Eindruck von der Temperatur und dem Wetter, das Sie im Rennen erwartet. Außerdem lässt sich so ein letzter Gang auf die Toilette regeln.
- Frühstücken Sie morgens vor dem Wettkampf, auch wenn Sie keinen Appetit haben, damit die Glykogenspeicher vor dem

Rennen optimal gefüllt sind. Aber auch hier wieder an ballaststoffarme Lebensmittel halten. Weiße Brötchen mit Honig, Bananen, Energieriegel ... aber kein weiches Ei mit Lachs oder Ähnliches. Auch wenn Sie in einem Hotel mit herrlichem Frühstücksangebot abgestiegen sind, verschieben Sie das auf den nächsten Morgen.

- Vergessen Sie das Trinken nicht. Vier Liter Flüssigkeit sind bei wärmeren Temperaturen das Minimum, wobei Sie auf Ihren Magnesiumhaushalt achten sollten, wenn sie übermäßig viel trinken.
- Gehen Sie auf Nummer sicher, ob Mann oder Frau. Kleben Sie Ihre Brustwarzen vor dem Lauf mit einem Stück Pflaster ab. Das Scheuern des Laufhemdes kann nicht nur lästig, sondern auch schmerzhaft bis blutig werden.
- Die meisten Marathonläufe werden morgens gestartet. Stehen Sie mindestens drei bis vier Stunden vor dem Start auf, um den Kreislauf in Schwung zu bringen. Und falls Sie eine schlaflose Nacht verbracht haben, dann machen Sie sich keine Sorgen, das ist normal. Der Schlaf in den vorangegangenen Nächten zählt!!
- Suchen Sie am Wettkampftag rechtzeitig vor dem Start eine Toilette auf. Lange Schlangen vor dem heißersehnten Toilettenhäuschen können Sie kurz vor dem Start verzweifeln lassen. Ich als »Schisser« vermeide das, indem ich schon am Vorabend nur noch flüssige Kohlehydrate zu mir nehme.
- Seriöse Studien bestätigen, dass sich die meisten Läufer vor Wettkämpfen überhaupt nicht aufwärmen müssen. Die Leistungsfähigkeit ist höher, solange sich der Körper in Ruhetemperatur befindet. Bei langen Läufen, bei denen naturgemäß niemand wirklich schnell losrennt, ist die Gefahr, sich beispielsweise eine Muskelzerrung zuzuziehen, eher gering. Es gibt sogar Weltklasse-Athleten, die sich vor Langstreckenrennen kategorisch nicht warmlaufen. Und das, obwohl sie meist eine sehr empfindliche, hochspezialisierte Muskulatur haben und natürlich ein sehr hohes Tempo vorlegen.

Unaufgewärmt werden Sie sich auf den ersten Metern zwar nicht sofort optimal fühlen, weil es eine Zeit lang dauert, bis sich das Herz-Kreislauf-System an die Belastung angepasst hat. Dies kann aber durchaus ein Vorteil sein, denn es bewahrt Sie vor einem zu forschen Anfangstempo. Also nur locker auf der Stelle ein wenig hüpfen und so die Muskeln auf Bewegung vorbereiten.

- Überprüfen Sie vor dem Startschuss noch mal Socken, Schuhe und Schnürung.
- Beim Startschuss den Knopf Ihrer Stoppuhr drücken, sonst haben Sie Ihre Marschtabelle umsonst auf den Unterarm gemalt.
- Fangen Sie schon bei der ersten Verpflegungsstelle mit Trinken an, auch wenn Sie noch keinen Durst haben. Ihr Körper braucht nicht nur bei warmen Temperaturen das kühle Nass.
- Mit Kohlehydraten sollten Sie sich ab Kilometer 10–15 auch kontinuierlich versorgen. An den Verpflegungsstellen gibt es alles mögliche und manchmal auch nichts. Wenn der Andrang riesig ist und Sie sich nicht an den Wühltisch vorkämpfen können oder an der Verpflegungsstation gähnende Leere herrscht, sollten Sie vorgesorgt haben. Ich trage beim Marathon immer Kohlehydratgels im Laufgürtel mit und nehme diese kontinuierlich alle 5 km kurz vor der Verpflegungsstation. An der Verpflegungsstation trinke ich noch einen oder zwei Becher Wasser hinterher. Diese Art von Energieversorgung sollten Sie aber im Training schon ein paar mal ausprobiert haben.
- Und vergessen Sie nicht im Zielkanal die Arme jubelnd nach oben zu strecken. So ist Ihnen ein riesiger Applaus sicher. Genießen Sie ihn. Er gilt Ihnen.

8 Geheimnisse für faule Läufer

Sie denken Sie kommen nur laufenderweise vorwärts? Da haben Sie Recht. Es gibt aber noch ein paar Dinge, die Ihren Speed beeinflussen. Über diese Dinge erfahren Sie in diesem Kapitel.

Klug dehnen und schneller werden

Ihr Dehnprogramm besteht normalerweise aus ein paar Dehnübungen, die Sie wahrscheinlich schlampig und widerwillig durchziehen. Sie haben ja auch keine Schmerzen, die auf Verkürzungen im Muskel hindeuten. Also für was dehnen?

Sie sollten einen Muskel in die Länge ziehen, da er sich durch Arbeit verkürzt.

Sie sollten Muskeln, die von Haus aus zu Verkürzungen neigen, dehnen.

Folgende Muskeln neigen zu Verkürzungen:
- vordere Oberschenkelmuskulatur
- hintere Oberschenkelmuskulatur
- Wadenmuskulatur
- Oberschenkelanzieher (Adduktor)
- Hüftlendenmuskel

Sind Sie Vielsitzer? Dann gehört diese Übung zum täglichen Brot dazu!

Als Läufer sollten Sie Ihr Minimalprogramm (siehe Cool Down Seite 67) wirklich ernst nehmen, denn – wie mein Trainer immer bemerkte – »nach kurz kommt ab«.
2 x 20–30 sec mögen die Muskeln besonders gern. Gehen Sie langsam in die Dehnstellung hinein bis Sie einen leicht ziehenden »noch-nicht-ganz«-Schmerz verspüren und halten Sie die Stellung.
Sie sind vom Dehnen immer noch nicht überzeugt? Dann hab ich noch einen interessanten Grund, weswegen Sie doch zum Dehnfreak werden sollten. Manch ein Muskel verringert, wenn er ein bisschen zu kurz geraten ist, Ihre Schrittlänge.
Und Sie wissen was ein kurzer Schritt bedeutet. 2–3 cm pro 1-m-Schritt macht im Marathon eine Einbuße von ca. 1 km, also 3–5 min. Und diese Zeit könnten Sie sich wirklich sparen, nicht indem Sie schneller laufen sondern klüger dehnen. Folgende Muskeln können Ihren raumgreifenden, eleganten Schritt behindern, wenn sie zu kurz werden.

Der Hüftlendenmuskel

Funktion: Beugung im Hüftgelenk, Anziehen des Beines
Das Becken muss sich in der Abstoßphase des Standbeines maximal strecken können, um einen guten Abdruck in Laufrichtung zu gewährleisten. Wenn der Hüftlendenmuskel zu kurz ist, kippt er das Becken nach vorne. Sie haben eine schlechte Hüftstreckung und »sitzen« beim Laufen. Hinzu kommt ein erhöhter Druck im Kniegelenk, der Ihnen Probleme machen kann. Denn gerade das Knie ist für Überlastungserscheinungen sehr empfänglich.
So machen Sie den Muskel lang:
Machen Sie einen Ausfallschritt und senken Sie das hintere Knie bis auf den Boden ab. Das vordere Knie ist zu 90 Grad abgewinkelt. Für eine intensive Dehnung richten Sie den Oberkörper auf und schieben Sie Ihr Gesäß nach vorne.

Haben Sie keine Probleme mit knirschenden Lendenwirbeln? Dann können Sie Ihren Oberkörper auch locker nach unten hängen lassen

Der hintere Oberschenkel

Funktion: Beugung im Kniegelenk, Streckung im Hüftgelenk
Die maximale Dehnung des Muskels entsteht in der Landephase des Laufens bei der Streckung des Standbeines. Dieser Muskel behindert das Nach-vorne-Schwingen des Beines und die Streckung im Kniegelenk, wodurch Sie kostbare cm verlieren.
So machen Sie den Muskel lang:
Mit gestreckten Beinen und geradem Rücken beugen sie den Oberkörper zu den Beinen. Schon beim Runtergehen halten Sie den Rücken gerade.

Der vordere Oberschenkel
Funktion: Streckung im Kniegelenk, Beugung im Hüftgelenk
Dieser Muskel wird im Laufschritt maximal beim Nach-hinten-Schwingen des Beines mit gebeugtem Kniegelenk und gleichzeitiger Streckung des Hüftgelenks gedehnt. Wenn er verkürzt ist, wird entweder der Bewegungshub des Schwungbeines behindert oder das Becken kippt nach vorne und es entsteht ein Hohlkreuz.
So machen Sie den Muskel lang:
Nehmen Sie das Fußgelenk eines Beines und drücken es an den Po. Zusätzlich spannen Sie den Bauch an. Die Knie bleiben zusammen.

Probleme mit dem Gleichgewicht? Dann suchen Sie sich eine Wand oder einen Baum zum festhalten

Ihre Knie sind nicht mehr die jüngsten? Dann können Sie diese Übung auch im Stehen machen

Der vordere Unterschenkel
Funktion: Beugung und Nach-innen-Führen des Fußes
Wenn dieser Muskel verkürzt ist, ist die Abstoßphase auch verkürzt. Denn die Streckbarkeit des Fußes ist eingeschränkt. Es kann sich durch die Verkürzung auch eine Fußfehlstellung (nach innen gedrehter Fuß) bilden, die dazu führt, dass Sie über die Fußaußenseite abrollen. Diese Fehlstellung nennt man auch Supinationsfehlstellung.

So machen Sie den Muskel lang:
Setzen Sie sich auf Ihre Füße. Die Fußrücken liegen am Boden auf. Heben Sie ein Knie leicht an, so dass das Knie mit dem Unterschenkel und dem Fußgelenk vom Boden abhebt. Nur die Zehen sind noch am Boden. Drücken Sie mit dem Po gegen die Fersen. Sie spüren eine Dehnung am Schienbein.

Die Wade (bestehend aus einer kurzen und langen Wadenmuskulatur)
Funktion: Streckung des Fußes, Beugung des Kniegelenkes
Dieser Muskel ist das Herzstück des Läufers und besonders empfindlich. Eine Verkürzung der Wadenmuskulatur bewirkt eine höhere Spannung in der Achillessehne beim Abrollen und Abstoßen des Fußes.
So machen Sie den Muskel lang:

Die Waden sind der Hauptantrieb des Läufers. Machen Sie diese Übungen sehr gewissenhaft

Kurze Wadenmuskulatur:
Stellen Sie die Füße parallel in Schrittstellung. Beugen Sie das hintere Kniegelenk und verlagern Sie das Gewicht auf dieses. Beugen Sie für eine intensive Dehnung das Sprung- und Kniegelenk noch stärker.

Lange Wadenmuskulatur:
Stellen Sie die Füße parallel in Schrittstellung. Das vordere Bein ist gebeugt und das hintere ist durchgestreckt. Die Ferse des hinteren gestreckten Beines gegen den Boden drücken und die Hüfte strecken.

Bei der Wadendehnung können Sie sich auch mit den Armen z.B. an einer Wand abstützen und so die Dehnung noch verstärken

Der Oberschenkelanzieher

Funktion: Anziehen des Beines
Bei verkürzten Oberschenkelanziehern kann das Bein weniger abgespreizt werden. Bei einer einseitigen Verkürzung kommt es zu einer Beinlängendifferenz. Die Folge ist, dass Ihre Bewegungssymmetrie beim Laufen beeinträchtigt wird.

So machen Sie den Muskel lang:
Mit gegeneinandergestellten Fußsohlen ziehen Sie die Fersen nahe an den Po ran. Lassen Sie die Schenkel auseinanderfallen und drücken Sie sie vorsichtig mit den Ellenbogen weiter in die Dehnung. Halten Sie den Rücken gerade.

Die Dehnung verstärken Sie, wenn Sie zusätzlich die Zehenspitzen mit den Händen zum Körper drehen

Nicht nur auf die Muskelmasse kommt es an – viel wichtiger ist der Trainingszustand.

Kraft trifft Ausdauer

Schwachbrüstiges Läuferhemd, laufender Strich in der Landschaft, hagerer Stecken, Beine wie Streichhölzer ... Sind Ihnen diese Ausdrücke geläufig? Diese netten Bemerkungen müssen Sie sich als Läufer schon manchmal gefallen lassen. Wahrscheinlich gehen solche Worte bei Ihnen zum einen Ohr, ohne Beachtung zu finden, hinein und »schwups« zum anderen wieder hinaus. Aber vielleicht hat Ihre nette Umgebung ein bisschen Recht? Viele von uns Läufern hassen Krafttraining. Eisen stemmen und in muffigen »Muckibuden« Gewichte heben macht keinen Spaß. Wozu sind wir Läufer geworden, wenn nicht zum draußen sein, Natur genießen und frische Luft tanken. Aber Krafttraining kann zu einem schnelleren und größeren Laufschritt verhelfen. Und wenn Sie es richtig machen, brauchen Sie keine Angst vor dicken und schweren Muskeln zu haben.

Ich kenne die Ausrede, die Sie parat haben. »Der Muskel wächst (vor allem bei Männern) relativ schneller in der Dicke als die Blutversorgung (und damit auch die Sauerstoffversorgung) ›mitwächst‹. Das heißt, ich hab dann einen dickeren und kräftigeren Muskel, aber eine schlechtere Ausdauer.«
Aber bei unveränderter Ausdauer würde ein höheres Kraftniveau Ihren Laufschritt eleganter und Ihren Abdruck kraftvoller machen. Vor allem bei vielen Späteinsteigern, die jahrelang gar keinen Sport betrieben haben, würde eine Kräftigung Dynamik in die Beine bringen. Sie haben schon Recht, dass Sie nicht viel Kraft brauchen, aber Sie brauchen Kraft im richtigen Moment. Nämlich genau dann, wenn Sie sich vom Boden abstoßen und sich nach vorne befördern. Den verletzungsmindernden Effekt einer gut ausgebildeten Muskulatur dürfen Sie auch nicht vergessen. Die Muskulatur hat schließlich eine schützende und stützende Funktion für die benachbar-

ten Gelenke und vor allem auch für die Wirbelsäule.

Fazit ist, Sie sollten deshalb vor allem die »intermuskuläre Koordination«, das heißt, das Zusammenspielen der verschiedenen Muskelgruppen, im Kraftausdauerbereich trainieren. Und das bitte möglichst laufspezifisch.

Was Sie beachten sollten:
- Die Übungen sollten die Muskulatur ähnlich wie beim Laufen selbst beanspruchen.
- Die Auswahl der Übungen und des Widerstandes sollten so gestaltet sein, dass Sie 2 x 20–3 x 30 Wiederholungen schaffen. Sie arbeiten mit Gewichten, die ungefähr der Hälfte des Maximalgewichtes entsprechen.
- Wenn Sie mit dem Theraband trainieren, dann kaufen Sie im Sportgeschäft ein mittelstarkes Band. Diese Bänder gibt es oft als Meterware. Sie dürfen sich ruhig ca. 2,5 m kaufen, um die Übungen gut durchführen zu können.
- Die Ausführungsgeschwindigkeit muss zügig, jedoch nicht schwungvoll sein.
- Das Training der Bauch- und Rückenmuskulatur für eine gute Rumpfstabilität sollten Sie nicht vergessen.
- Durchtrainierte Arme helfen das Laktat, das bei einer intensiven Laubelastung in das Blut übergetreten ist, abzubauen. Sie dürfen also auch ab und an ein Hanteltraining für Ihre Läuferärmchen absolvieren.

Vergessen Sie nicht den Bauch anzuspannen

Und auch wenn's schwer fällt: Die Knie nicht durchstrecken

Stellen Sie die Füße leicht gegrätscht hintereinander. So halten Sie besser Ihr Gleichgewicht

Ich empfehle Ihnen das Training folgender Muskelpartien und Übungen:

Kniebeugen für ausdauernde vordere Oberschenkel:

Im Fitness-Studio lassen Sie sich die Beinstreckermaschine erklären.
Und für ein Heimtraining versuchen Sie diese Übung:
Stellen Sie sich mit beiden Füßen schulterbreit auf das Theraband. Sie fassen das Band mit beiden Händen und führen dieses in den Nacken. Die Ellenbogen bleiben abgespreizt. Beugen Sie die Knie und senken Sie den Oberkörper ab. Halten Sie Spannung im Bauch und lassen Sie die Fersen am Boden. Der Winkel zwischen Ihrem Ober- und Unterschenkel sollte nicht weniger als 90 Grad sein. Dann bewegen Sie sich zügig wieder nach oben bis kurz vor die Kniestreckung. Diese Übung kräftig nebenbei auch Po, Wade, Rückenmuskel und den hinteren Oberschenkel.
Variation: Machen Sie die Kniebeugen auch mal in Schrittstellung. Die Belastung ist vornehmlich auf dem vorderen Bein. Das hintere Bein ist nur mit dem Fußballen am Boden. Vergessen Sie beim Üben nicht den Beinwechsel.

Ziehen Sie die Zehen an das Schienbein, so haben Sie eine gute Wadenspannung

Hüftheben für einen starken Po und stramme hintere Oberschenkel:

Im Studio heißt das Gerät mit dem Sie diese Muskelpartien trainieren Beinbizeps-Maschine (in Bauchlage).

Zu Hause machen Sie Folgendes:
In Rückenlage winkeln Sie die Knie an und legen die Arme parallel am Boden ab. Sie heben den Po soweit an bis Sie mit Schultern, Hüfte und Knie eine schöne gerade Linie bilden. Heben Sie ein Bein an und strecken Sie es aus, so dass die Oberschenkel parallel sind. Jetzt heben und senken Sie die Hüfte. Ich wette, Sie werden Ihren hinteren Oberschenkel sofort orten können. Bei mir zieht das fürchterlich auf der Rückseite des Beines. Das ist nämlich meine Schwachstelle. Vielleicht haben Sie mit dieser Übung ja auch Ihr schwächstes Glied in der Kette der Laufmuskeln gefunden. Und vergessen Sie den Seitenwechsel nicht.

Variation: Wenn Sie sich voll auf Ihre hinteren Oberschenkel konzentrieren wollen, dann können Sie auch das Theraband wieder zu Hilfe nehmen. Steigen Sie auf das Theraband so drauf, dass sich hinter Ihrem Fuß eine kleine Schlaufe bildet. Legen Sie die Schlaufe um die Ferse des anderen Fußes. Nun bringen Sie die Ferse mit dem Band Richtung Po und spannen dabei das Band. Lassen Sie Ihre Knie immer auf der gleichen Höhe. Die Bewegung kommt nur aus dem Knie. Halten Sie sich für diese Übung irgendwo fest, sonst wird es kippelig. Und Beinwechsel nicht vergessen.

Halten Sie das Band immer auf Spannung, denn so bleibt es auf der Ferse liegen und rutscht nicht

Fußheben für die stramme Wade:
Stellen Sie sich auf eine Stufe. Heben Sie sich durch eine Fußgelenksstreckung bis in den Ballenstand und senken Sie wieder ab. Machen Sie diese Übung mit fast gestreckten und mit gebeugten Kniegelenken, so belasten Sie sowohl den langen als auch den kurzen Wadenmuskel. Sie können diese Übung beidbeinig oder einbeinig machen. Sie können als Zusatzgewicht auch eine Langhantel in den Nacken nehmen. Bei dieser Übung jammern meine Waden schon nach der sechsten Wiederholung – noch so eine Schwachstelle.

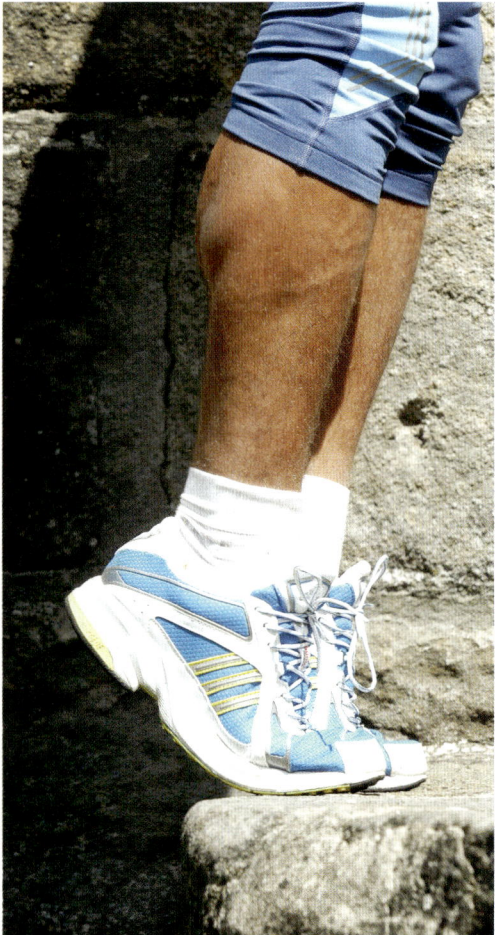

Machen Sie die Übung doch auch mal barfuß

Rechte Seite: Einbeinig schmeckt diese Übung besonders intensiv!

Halten Sie mit Ihrer Lendenwirbelsäule zu jeder Zeit Kontakt mit dem Boden. Nur so trainieren Sie effektiv

Sit-Ups für eine schöne Frontansicht und vielleicht einen Waschbrettbauch:
Die Bauchmuskulatur trainieren Sie am besten in Rückenlage. Beugen Sie die Knie rechtwinkelig. Ihre Füße bleiben am Boden. Nehmen Sie die Arme in den Nacken, um Ihre Halswirbelsäule zu entlasten. Aber mogeln Sie nicht, indem Sie Ihre Ellenbogen nach vorne nehmen und Ihren schweren Kopf nach vorne ziehen. Rollen Sie langsam den Oberkörper auf bis die Schulterblätter vom Boden weg sind. Ihr Blick ist immer zur Decke gerichtet. Beim Absenken des Oberkörpers versuchen Sie die Bauchspannung zu bewahren, indem Sie den Kopf nicht am Boden ablegen sondern gleich wieder mit der nächsten Wiederholung anfangen.

Mit Rumpfheben zum starken Läuferrücken:

In Bauchlage heben Sie langsam den Oberkörper. Ihre Nasenspitze ist nur ein paar Zentimeter vom Boden weg. Die Arme strecken Sie mit schulterbreit gefasstem Theraband kopfüber aus und heben die Arme vom Boden ab. Nun strecken und beugen Sie die Arme so, dass das Theraband gespannt in den Nacken geführt wird.

Variation: Heben Sie erst das rechte Bein und den linken Arm vom Boden ab und senken sie wieder, dann kommt das linke Bein und der rechte Arm dran. Die Übung sieht einfach aus, aber Sie hat es in sich. Achten Sie darauf, dass Sie nicht zu stark ins Hohlkreuz ziehen.

Im Fitness-Studio können Sie diese Übung auch gut auf dem Hyperextensionsgerät machen.

> **Tipp**
> Für jedes Alternativtraining und damit auch für das Krafttraining gilt: Wenn Sie beim Laufen ständig müde sind von Ihrem vorher absolvierten Alternativtraining, dann bringt es gar nichts.

Pressen Sie Ihre Pobacken kräftig zusammen, das macht die Übung gleich noch intensiver

Fremdgehen erlaubt

Werden Sie Ihrer Leidenschaft »Laufen« ruhig mal untreu. Schnuppern Sie in andere Sportarten hinein.
Besonders geeignet erscheinen dafür:
- Radfahren
- Schwimmen
- Inline-Skating
- Nordic-Walking
- Wandern
- Ski-Langlauf
- Aqua-Jogging
- Krafttraining mit Gewichten

Bestimmte Muskelgruppen, die Sie als Läufer wahrscheinlich sträflich vernachlässigen, können Sie auf diese Art wieder aufpeppen. Gerade beim Schwimmen und Aqua-Jogging ist die Belastung des Bewegungsapparates durch den Auftrieb im Wasser gering und sorgt für eine bessere Erholung von harten Lauftagen. Lockeres Radfahren bewirkt Wunder bei harten Waden oder leicht schmerzenden Knien.

Jede Sportart beansprucht die Muskulatur anders. Sie erzielen einen allgemeinen Trainingseffekt, z. B. für den Fettstoffwechsel oder das Herz-Kreislauf-System, aber keinen laufspezifischen Effekt. Laufen lernt und trainiert man nur durch Laufen.

In der Ruhe liegt die Kraft

»Wenn Du hart trainierst, wirst Du schneller!« Diese Bemerkung habe ich zur Genüge von meinem Trainer gehört. Den zweiten Satz, den er hinten dran hängte, pflegte ich zu überhören. Ich glaube, er lautete so ähnlich wie »und Pause machst Du in der Pause.«
Ich wollte doch vorwärts kommen, schneller werden und nicht Pause machen. Ich hatte das Gefühl, wenn ich Pause mache bleib ich stehen. Natürlich wusste ich, die Erholungsphasen sind genauso Bestandteil des Trainings, wie die körperliche Arbeit selbst. Ich wusste es, aber mein schlechtes Gewissen und meine Angst vor »zu wenig« war stärker.

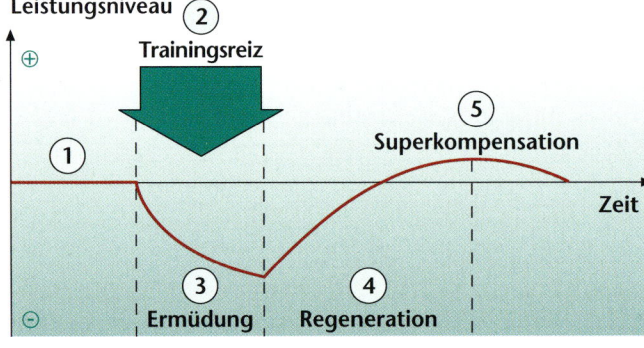

Ermüdung: *Während des Trainings werden Sie müde und Ihre Leistungsfähigkeit nimmt ab.*
Regeneration: *Am Ende des Trainings beginnt die Erholungsphase, die je nach Dauer und Intensität unterschiedlich lang ist.* Superkompensation: *Ihr Körper wappnet sich vor neuen Belastungen, indem er auf ein höheres Leistungsniveau klettert, als vor der Belastung.*

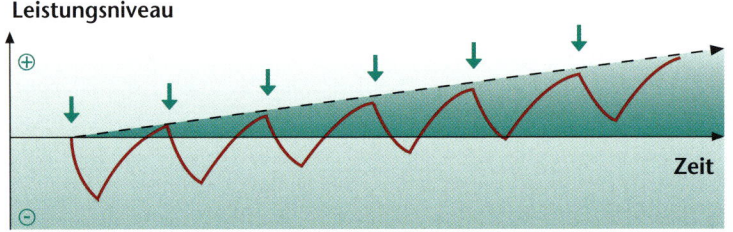

Steigerung des Leistungsniveaus: *Durch die Summe der Superkompensationseffekte steigt das Leistungsniveau kontinuierlich. Die Trainingsreize sind zeitlich gut gesetzt.*

Leistungsstagnation: *Sind die Trainingsreize zu selten gesetzt, sinkt die Leistungsfähigkeit immer wieder auf Ihr altes Niveau ab.*

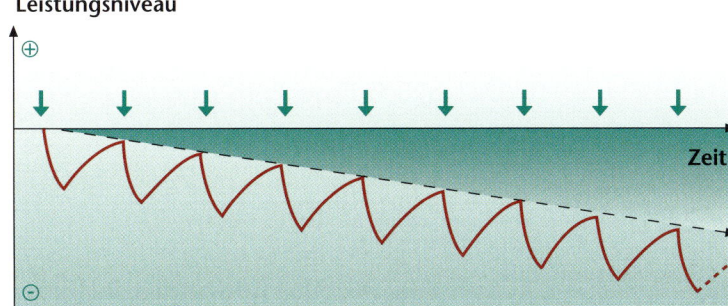

Verminderung des Leistungsniveaus: *Zu häufig und zu hart gesetzte Trainingsreize führen zu einem Absinken des Leistungsniveaus. Sie sind im Übertraining.*

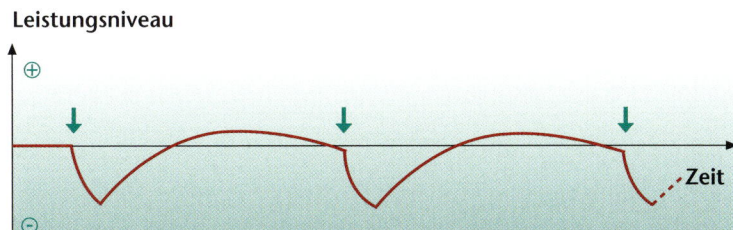

Erholung, auch Kompensation genannt, ist notwendig, um die Trainingsreize zu verarbeiten und dem Körper Zeit zur Anpassung zu geben. So gesehen findet die eigentliche Leistungssteigerung in der »Pause« statt.

Das ist wie mit einem unaufgeräumten Zimmer. Je unordentlicher, desto länger brauchen Sie zum Aufräumen. Je härter oder länger das Training, desto länger braucht der Körper, um das biologische Ungleichgewicht wieder auszugleichen. Und er gleicht es nicht nur aus, sondern rüstet sich gleich noch für die nächste Trainingseinheit. Es kommt zu einer Superkompensation, das heißt es kommt zu einer überschießenden Kompensation. Sie stellen in Ihr bereits aufgeräumtes Zimmer noch ein Regal als Stauraum, um das nächste mal schneller Ordnung schaffen zu können.

Kommt es in der Superkompensationsphase zu keinem neuen Trainingsreiz, kehrt Ihre Leistungsfähigkeit wieder auf das alte Niveau zurück. Wollen Sie eine Leistungssteigerung erreichen müssen Sie also erneut Laufen gehen und Ihren Körper belasten. Am besten ist es, den nächsten Lauf in die Phase der Superkompensation zu legen. Sie laufen somit auf einem höherem Niveau als beim vorhergehenden Training und die Ermüdung ist geringer. Diese Gesetzmäßigkeit können Sie sich zunutze machen und Ihre Leistung kontinuierlich steigern.

Wenn Sie Ihre Läuferbeine nicht ruhig halten können und meinen, Sie müssten jeden Tag auf die Piste, dann wirtschaften Sie sich systematisch in den Keller. Die Belastungen folgen zu kurz aufeinander und Ihr Körper hat zu wenig Zeit sich zu erholen. Die Ermüdung wird von Belastung zu Belastung größer und Ihre Leistungsfähigkeit geringer. Ich kenne das nur zu gut.

Gerade wenn es beim Training mal wieder schlecht läuft, weil der gestrige Lauftag hart war oder der Stress in der Arbeit noch belastet, denken viele ehrgeizige Läufer: »Das gibt es doch nicht. Ich müsste doch bei meinem Laufpensum besser drauf sein. Vielleicht trainiere ich ja zu wenig. Ich halte durch und setz noch einen drauf, vielleicht geht's mir dann besser.« Sie müssen lernen Pause zu machen und Ihrem Körper zu vertrauen. Wenn Ihr Körper nicht das macht, was Ihr Läuferkopf will, dann brauchen Sie eine Auszeit.

Pause bedeutet aber nicht immer Beine hochlegen und nichts tun. Sie dürfen laufen, aber bei sehr niedriger Intensität. Besser noch sind leichte Trainingsbelastungen in einer anderen Sportart. Lockerungsgymnastik, Schwimmen usw.

Zusätzliche Maßnahmen zur Erholung können Massagen, warme Entspannungsbäder und Sauna sein. Diese Anwendungen sollen vor allem muskuläre Verspannungen lösen und den Abbau von Stoffwechselprodukten beschleunigen.

Gehören Sie zu den Wochenend- oder Gelegenheitsläufern, die immer wieder mal in langen unregelmäßigen Abständen die Laufschuhe schnüren?

Dann genießen Sie die Zeit an der frischen Luft und in der Natur, aber schlagen Sie sich gute Laufzeiten aus dem Kopf. Wenn die Trainingsreize zu weit auseinander liegen fangen Sie jedes Mal wieder bei Null an.

»Wie viel Pause brauche ich denn jetzt?« werden Sie sich fragen. Das ist schwierig zu beantworten, da der eine schon am Tag nach einem harten Wettkampf wieder eine gute Leistung erbringen kann, während der andere erst nach drei Tagen oder gar einer Woche wieder fit ist. Auch Stress, Alltagsbelastung, Alter und Trainingszustand beeinflussen die Erholungszeit. Sie müssen selber erspüren wie viel Pause Sie brauchen. Sie können Ihre Erholungsphase positiv beeinflussen und dadurch verkürzen.

Regenerationsbeschleuniger:

Allgemeine Grundsätze:
- Legen Sie Erholungstage und Erholungswochen. Durchdenken Sie Ihre Periodisierung.
- Lassen Sie Alternativtraining und Dehnübungen nicht zu kurz kommen.
- Schlafen Sie gut und entspannen Sie auch mal tagsüber.
- Ernähren Sie sich ausgewogen und vor allem eiweißreich.
- Gegebenenfalls Substitution von Mangelnährstoffen

Während des Trainings:
- Trinken Sie schon während des Trainings und wenn's länger wird nehmen Sie auch Kohlehydrate mit auf die Strecke.
- Vergessen Sie das Auslaufen nicht.

Nach dem Training:
- Halten Sie sich warm. Gehen Sie in die Sauna oder nehmen Sie ein Bad.
- Machen Sie einen entspannten Spaziergang.
- Gönnen Sie sich und Ihren Muskeln eine Massage und ein Dehnprogramm.
- Essen Sie Regenerationsbeschleuniger!

Regenerationsernährung:
- Gleichen Sie unmittelbar nach der Belastung Ihr Flüssigkeitsdefizit mit elektrolythaltigen Getränken aus.
- Wenn es Ihr Magen zulässt, dann essen Sie nach dem Training kohlehydrat- und eiweißreich. Sie sollten Ihren Körper nicht länger als eine Stunde auf die Energiezufuhr warten lassen.

Sie können auch kleine Trinkfläschchen am Laufgürtel befestigt mitnehmen. Das gibt es in jedem Laufladen!

Anhang

Schlussbemerkungen für ehrgeizige Läufer

Auch als Wettkampfläufer sollten Sie sich nicht zu sehr in Tempo und Strecken verbeißen. Ihr Ehrgeiz bringt Sie zwar voran, der Schuss kann aber auch nach hinten losgehen. In Form von Verletzungen, Überlastungserscheinungen und tiefen Motivationslöchern. Die Lust am Laufen erhalten Sie sich nicht nur mit erfolgreichen Wettkämpfen, sondern vor allem mit einem guten Körpergefühl, Naturerlebnissen und Spaß beim Laufen.

Uns fällt es oft schwer, Laufen mit Mühelosigkeit zu verbinden. Wir leben in einer Leistungsgesellschaft und so laufen wir häufig auch: mit Anstrengung, Ehrgeiz und von Gedanken an Erfolg getrieben. Der Kopf sagt uns: »Ohne Schweiß kein Preis. Laufen bringt nur dann was wenn es anstrengend ist.« Doch Vorsicht: Es liegt in unserer Natur, Schmerz zu vermeiden. Sie entscheiden letztendlich, ob Sie laufen gehen oder hin und wieder mal die Laufschuhe stehen lassen.

Warum nicht mal locker trabend auf den Laufstil achten und mit ihm spielen. Warum nicht mal »nach innen laufen«, meditieren, anstatt ständig auf die Uhr zu schauen und Tempo zu machen.

Laufen, bewusstes Laufen (ohne Ziel) hilft Ihnen in allen Lebensbereichen. Es hilft Ihnen, sich auf das Hier und Jetzt einzulassen, dieses zu genießen und nicht ständig von einer Ruhe- und Rastlosigkeit geplagt zu werden. Ja, in diesen Zeilen steckt fernöstliches Gedankengut. Der Osten hat schon immer mehr Wert auf Wachheit, Bewusstheit durch Bewegung und Geschmeidigkeit der Bewegungsabläufe gelegt. Der Westen hingegen setzt auf Kondition, Erfolg und Gesundheit.

Verbinden Sie beide Pole miteinander. So wird Sie das Laufen bereichern. Und Sie werden Erfolg ernten, in allen Lebensbereichen.

Literatur rund ums Laufen

- Bodyrunning, Residenz Verlag GmbH, von Wim Luijpers und Heimo Lercher
- Laufen – Mein komplettes Laufbuch, Copress Verlag, von Stéphane Franke
- Gentle Running, NP Buchverlag, von Wim Luijpers und Rudolf Nagiller
- Das große Buch vom Marathon, Copress Verlag, von Hubert Beck
- Die Laufbibel, spomedis Hamburg, Dr. Matthias Marquardt, Björn Gustafsson, Christian von Loeffelholz

Literatur für eine gesunde und leistungsfördernde Ernährung

- Das 1 x 1 der Sporternährung, Copress Verlag, von Stéphane Franke
- Mineralien, das Erfolgsprogramm, Heyne Verlag, von Dr. Ulrich Strunz und Andreas Jopp
- Topfit mit Vitaminen, GU Verlag, von Dr. Ulrich Strunz und Andreas Jopp
- Risikofaktor Vitaminmangel, Haug Verlag, von Andreas Jopp
- Geheimnis Eiweiß, Heyne Verlag, von Dr. Ulrich Strunz und Andreas Jopp

Internet

Allgemeine Tipps rund ums Laufen:
- http://www.lauftipps.de
- http://www.laufspass.com

Lauftermine zur Planung Ihrer Wettkämpfe:
- http://www.lauftreff.de/termine.htm

Barfußlaufen als Krafttraining für den Fuß:
- http://www.barfusslaufen.com
- http://www.barfuss-trend.de

Ernährungstipps für Läufer und diejenigen, die es werden wollen:
- http://www.strunz.com

Weiter empfehlenswerte Titel aus dem Copress Verlag

Hubert Beck
Das große Buch vom Marathon

288 Seiten, ca. 300 Abb.
Format 16,5 x 24,2 cm
€ 22,– [D]
€ 20,60 [A] · SFR 39,90
ISBN 978-3-7679-1016-4

Der Verfasser beschreibt detailliert und praxisnah alle Einzelheiten, die bei Vorbereitung und Durchführung eines Marathontrainings und Marathonwettkampfs zu beachten sind. Dem Lauf-Anfänger wird dabei der Weg zum schnellen Marathonerfolg gewiesen und dem Fortgeschrittenen zur Perfektion verholfen. Trainingsmethoden und -pläne, Ernährung, Krafttraining, Körperbau sowie Gymnastik werden ausführlich und differenziert beschrieben. Das Trainingssystem ist an Einsteigern und Fortgeschrittenen vielfach erprobt. »Ein Buch, das ich mit dieser Praxisnähe und derart vielen Details so noch nicht gesehen habe!« (Hubertus Reh, Dipl.-Ing. und Journalist, Mitglied des 100 Marathon-Clubs [die Mitglieder haben mehr als 100 Marathons/Ultras gelaufen]). Mit Jahrestrainingsplänen mit Zeiten bis 2:10, Halbmarathon-Trainingsplänen, Höhentraining und Register.

Stéphane Franke
Laufen – Mein komplettes Laufbuch

192 Seiten, 175 Abb.
mit 60 Min. Audio-CD
Format 16,5 x 24,2 cm
€ 19,90 [D]
€ 20,50 [A] · SFR 35,90
ISBN 978-3-7679-1003-4

Den »weißen Kenianer über 10.000 m« nannte man ihn. Stéphane Franke, Weltklasse-Langstreckler der 90er Jahre, hat ein Laufbuch der Extraklasse geschrieben. Dieses Buch unterscheidet sich von anderen durch individuelle Trainingspläne für jedes Zeitbudget, jedes Alter und jeden Leistungsstand. Das Buch wird abgerundet durch ein Ernährungs-Kapitel: Schneller laufen mit gesunder Ernährung. Extra: Eine professionelle Anleitung für Mentale Power von einem Sport-Psychologen mit Audio CD. Der heutige Eurosport-Kommentator und Buchautor lüftet seine Geheimnisse für mehr Spaß und Erfolg beim Laufen. Gespickt mit zahlreichen persönlichen Anekdoten und Erfahrungen des Autors aus über 20 Jahren Laufsport bietet »Laufen« einen außergewöhnlichen und unterhaltsamen Lesegenuss. Ein Muss für jede Läuferin und jeden Läufer!

Klaus Duwe
42 mal 42 – Marathon-Erlebnisse von Antalya bis Zermatt

320 Seiten, 40 Abb.
Format: 13,0 x 19,5 cm
€ 19,90 [D]
€ 20,50 [A] · SFR 35,90
ISBN 978-3-7679-1010-2

Marathon: das größte Ziel eines Läufers. Oft heißt das Anstrengung, lange Vorbereitung, Qual und 42 km leiden bis ins Ziel. Für Klaus Duwe ist es auch Spaß, Erlebnis und Freude. Das ganze Jahr, von Januar bis Dezember, ist er als laufender Reporter unterwegs gewesen und hat atemberaubende Impressionen und spannende Geschichten rund um die schönsten Marathonstrecken gesammelt. Mit 42 Marathonerlebnissen zeigt er, dass Marathon mehr ist als Leiden, Qual und Anstrengung. Mit folgenden Läufen: Neujahrsmarathon Zürich, Berliner Teammarathon, Marrakesch, Bad Salzuflen, Zypern, Antalya, Waldhessenlauf, Freiburg, Grand Défi des Vosges, Leipzig, Hamburg, Hannover, Ruhrmarathon, Luxemburg, Potsdam, Kassel, Liechtenstein, Donautalmarathon, Graubünden, Molsheim, Zermatt, Marburg, Hornsgrinde Marathon, Swiss Alpin Marathon, Rostocker Marathonnacht, Gondo Event, Saarschleife Marathon, Jungfrau Marathon, Karlsruhe, Gardasee Marathon, Köln, Brocken Marathon, Dresden, Frankfurt, Rursee Marathon, Maratona Ticino, Frauenfeld, Bad Arolsen, Königswinter, Mallorca.